*MELHORES
POEMAS*

Augusto Frederico Schmidt

Direção
EDLA VAN STEEN

MELHORES POEMAS

Augusto Frederico Schmidt

Seleção
IVAN MARQUES

São Paulo
2010

global

© by Eliane Peyrot, 2008

1ª Edição, Global Editora, São Paulo 2010

Diretor-Editorial
Jefferson L. Alves

Gerente de Produção
Flávio Samuel

Coordenadora-Editorial
Dida Bessana

Assistentes de Produção
Emerson Charles Santos
Jefferson Campos

Assistentes-Editoriais
Alessandra Biral
João Reynaldo de Paiva

Revisão
Nair Kayo

Capa
Victor Burton

Editoração Eletrônica
Antonio Silvio Lopes

Dados Internacionais de Catalogação na Publicação (CIP)
(Câmara Brasileira do Livro, SP, Brasil)

Schmidt, Augusto Frederico, 1906-1965.
  Melhores poemas – Augusto Frederico Schmidt / Edla van Steen (direção); Ivan Marques (seleção e prefácio) – 1. ed. – São Paulo : Global, 2010. (Coleção Melhores Poemas).

  Bibliografia.
  ISBN 978-85-260-0478-8

  1. Poesia brasileira. I. Marques, Ivan. II. Steen, Edla van. III. Título. IV. Série.

10-03453   CDD-869-91

Índices para catálogo sistemático:
1. Poesia : Literatura brasileira   869.91

Direitos Reservados

Global Editora e Distribuidora Ltda.

Rua Pirapitingui, 111 – Liberdade
CEP 01508-020 – São Paulo – SP
Tel.: (11) 3277-7999 – Fax: (11) 3277-8141
e-mail: global@globaleditora.com.br
www.globaleditora.com.br

Obra atualizada conforme o
Novo Acordo Ortográfico da Língua Portuguesa

Colabore com a produção científica e cultural.
Proibida a reprodução total ou parcial desta obra sem a autorização dos editores.

Nº de Catálogo: **3180**

Ivan Marques é doutor em Literatura Brasileira e professor da Universidade de São Paulo. Foi diretor do programa *Entrelinhas* e editor-chefe do programa *Metrópolis*, ambos da TV Cultura. Na mesma emissora, realizou documentários sobre literatura, como *Versos diversos:* a poesia de hoje, *Orides:* a um passo do pássaro e *Assaré:* o sertão da poesia. Organizou o livro *O espelho e outros contos machadianos* e as antologias de contos *Histórias do Romantismo*, *Histórias do Realismo*, *Histórias do Pré-Modernismo* e *Histórias do Modernismo*, da editora Scipione. Tem diversos artigos publicados em livros, jornais e revistas.

MÚSICA DO VENTO

"Chegará o dia do último poema", escreveu Augusto Frederico Schmidt no desfecho do livro *O caminho do frio*, publicado em 1964, um ano antes de sua morte. "E o último poema será simples e modesto/ como se fosse um dos muitos da longa série inútil." Inspirado na peça famosa que encerra *Libertinagem*, de Manuel Bandeira, o poeta carioca deixou-nos aí uma pista importante para a compreensão do sentido de sua própria obra, conforme observou o crítico Gilberto Mendonça Teles. Sua abundante, mas pouco variada, produção poética comporia uma espécie de "caleidoscópio", no qual as partes, menos importantes que o todo, se apresentam como falsas metamorfoses, versões infindáveis de um único tema, de uma mesma imagem arquetípica.

Isoladamente, parece dizer o poeta, os poemas valem pouco. Não por acaso, boa parte foi batizada apenas de "Poema", "Canto", "Elegia", e há uma enxurrada de sonetos simplesmente numerados. A ausência de concisão, no parecer unânime da crítica, é algo que define essencialmente a poesia de Schmidt. Repetindo-se *ad infinitum*, os muitos poemas configuram uma "longa série inútil" – e esta série é que importa. Como Brás Cubas, poderíamos indagar: por que inútil, se longa, e por que longa, se inútil?

"A poesia é um edifício estranho ao resto do mundo", desabafou Mallarmé. Sobre a inutilidade da poesia no mundo moderno, regido pelas leis do mercado e pelo interesse econômico, Schmidt parecia ter uma forte consciência. Especula-se inclusive que essa percepção possa ter influenciado os rumos de sua própria biografia, explicando de algum modo sua famosa aptidão para os negócios.

Nascido em 1906, numa família abastada do Rio de Janeiro, Schmidt teve uma infância aterrorizada pela doença da mãe, que levou a família a viver um período na Suíça, e pela morte precoce do pai. Malsucedido nos estudos, o menino passou a trabalhar no comércio. No começo dos anos 1930, teve a Schmidt editora, que publicou as obras iniciais de Graciliano Ramos, Jorge Amado, Marques Rebelo e Gilberto Freyre, entre outros. Mais tarde, tornou-se um célebre (e criticado) homem de finanças, com larga influência no governo de Juscelino Kubitschek. Com uma mão, fabricava empresas e lucros. Com a outra, compunha versos e perdas – sua inútil poesia. Ele próprio anotou o disparate: "Consegui o que todo mundo acha uma contradição: ser poeta e homem de negócios". A piada não escapou a Manuel Bandeira, que escreveu esta quadra em defesa do amigo:

> O poeta Augusto Frederico
> Schmidt, de quem dizem que está rico,
> Foi homem pobre, certifico
> mas o poeta sempre foi rico.

A produção poética podia parecer inútil aos olhos do empresário, mas nem por isso ele deixou de se dedicar a ela, fazendo-a, ao contrário, "longa" – adjetivo que a fortuna crítica de Schmidt substituiu por uma porção de expressões pertencentes ao campo semântico aquático: caudalosa, derramada, volumosa, transbordante etc. Uma "torrente majestosa", no dizer de Mário de Andrade. Um "poeta-rio", na definição de Manuel Bandeira: "Há que aceitá-lo com a sua massa, às vezes um pouco turva, de sentimentos, de ideias e imagens". Mesmo ao escrever sonetos, que teoricamente o obrigariam à contenção, Schmidt não encontrou meios ou simplesmente não quis vencer a sua queda para o lirismo fluente e derramado. E todos esses excessos não seriam de estranhar num literato que teve, entre seus primeiros mestres, o escritor Coelho Neto, dono de um dos verbos mais opulentos (para não dizer diluvianos) do país.

A despeito da qualidade irregular dos poemas, da monotonia causada pelas repetições, do abuso de chavões poéticos, do estilo retórico de muitos versos – só para lembrar algumas das acusações que a crítica, de modo amoroso ou agressivo, dirigiu a Schmidt desde a sua estreia em 1928 –, para além de tudo isso paira, na visão de admiradores como Mário de Andrade e Manuel Bandeira, a "força lírica" de um criador em permanente estado de poesia. Nele teria ocorrido um milagre: as imperfeições não abalam, antes valorizam, a qualidade estética da obra, que assim ganha ares de um autêntico conjunto barroco. De outra parte, as ressalvas nunca destruíram a convicção, também formada desde o princípio, de que Schmidt havia se tornado um mestre, "uma fonte capaz de dar origem à aventura de mil riachos" (Mário de Andrade). "Toda uma corrente da nossa poesia deriva dessa fonte extraordinária de inspiração", acrescentou Manuel Bandeira. Com efeito, ao romper com as linhas mestras do movimento modernista de 1922, Schmidt abriu um caminho novo para a poesia brasileira, ligando-a ao espiritualismo, ao simbolismo e à meditação sobre os grandes temas humanos, universais, eternos – "grande", não por acaso, é um dos qualificativos mais recorrentes de sua obra.

A metáfora da fonte rendeu bastante. Outro grande poeta, admirador de Schmidt, que se divertiu com ela foi Drummond. Na primeira vez, o jogo foi pesado: "O poeta Schmidt abastece de água o Distrito Federal", escreveu em 1945, nas páginas engajadas de *A rosa do povo*. Na década seguinte, no livro *Viola de bolso*, a ironia continuou, embora disfarçada na brejeirice de inspiração folclórica:

> Fui à fonte de Schmidt
> beber água, lá fiquei.
> Quedava bem no limite
> do reino de onde-não-sei.

Haveria aí uma crítica ao "despaisamento" de Schmidt, que recusou com veemência o nacionalismo dos modernistas e sua própria condição de brasileiro? Já no final dos anos 1970, em *Discurso de primavera e algumas sombras*, Schmidt recebe uma bela homenagem, despida das provocações que se lhe tornaram familiares:

> Veleja o poeta em mar desconhecido?
> Bebe de novo em invisível fonte?
> Schmidt inquieto, nunca adormecido,
> brinca talvez na linha do horizonte.

A expressão "invisível fonte", emprestada do título do livro publicado em 1949 por Schmidt, parece significar para Drummond a mesma falta de raízes que impeliu o poeta a trafegar, como os simbolistas, por um "mar desconhecido" (título do livro anterior, de 1942). Quanto à recorrência da imagem da "fonte", duas coisas parecem justificá-la: de um lado, a linguagem que o crítico José Guilherme Merquior qualificou de "imperdoavelmente aguada"; de outro, a visão da poesia de Schmidt como um manancial, a origem de uma poderosa vertente poética, embora sua obra tenha sido pouco estudada e seu nome hoje esteja praticamente esquecido. Que essa fonte tenha permanecido invisível, a despeito da centralidade do seu papel na poesia brasileira das décadas de 1930 e 1940, é outro paradoxo que se junta àquele da reunião, no mesmo indivíduo, do poeta e do homem prático.

Para compreender a contribuição de Augusto Frederico Schmidt à definição dos rumos da poesia brasileira no período pós-modernista, é preciso remontar às ligações do poeta com a vanguarda dos anos 1920. Antes de sua estreia literária, ele tinha vivido três anos em São Paulo, absorvendo de perto a experiência modernista, para depois recusá-la na publicação do seu primeiro livro, *o Canto do brasileiro*. 1928 foi o ano do aparecimento de *Macunaíma*, do *Manifesto Antropófago* e do ensaio *Retrato do Brasil*, de Paulo Prado. Um ano que marcou o apogeu da ideologia nacionalista – e o fim do primeiro tempo modernista. Embora pareça sintonizado com a onda geral, o *Canto do brasileiro* de Schmidt destoa completamente.

Não quero mais o amor,
Nem mais quero cantar a minha terra.
Me perco neste mundo.
Não quero mais o Brasil
Não quero mais geografia
Nem pitoresco.

Quero é perder-me no mundo
Para fugir do mundo.

No lugar das anedotas, do coloquial "errado", dos instantâneos pitorescos, da claridade verde-amarela, o poeta introduz um tom bem mais grave, uma atmosfera mais escura, uma paisagem nebulosa e indeterminada. No meio de tanta brasilidade – "saturado de antas, de tapuias, de tacapes", diria mais tarde –, ele se punha "a suspirar pelas aventuras no frio e na distância". Entretanto, se o Brasil estava longe de constituir a verdadeira pátria do poeta, por que escrever um poema intitulado *Canto do brasileiro*? Estaria sugerida aí a ideia de que a busca de uma pátria impossível – expressa na recusa ao país, tão reiterada entre os nossos escritores e intelectuais – é que compõe, em última instância, o canto, por essa razão triste, dos brasileiros? Essa hipótese estaria de pleno acordo com a expressão "internacionalismo nacional", usada por Mário de Andrade para definir o livro de estreia de Schmidt.

Em sua reação à estética modernista, a estratégia inicialmente utilizada pelo poeta foi a retomada da tradição romântica. Pelo vocabulário, pelo ritmo, pelo retorno à subjetividade, seus versos foram muitas vezes comparados aos de Álvares de Azevedo e

Casimiro de Abreu. No entender de Alceu Amoroso Lima, Schmidt se tornou um neorromântico tanto pela adoção do tom confessional quanto pela tendência à expressão da alma brasileira, "alma que quer ser e não ser ao mesmo tempo", "que ama o sol e é atraída pelas brumas". Entretanto, mais do que o lirismo romântico, a principal inspiração do poeta teriam sido os textos bíblicos e versos dos poetas católicos franceses, como Paul Claudel e Charles Péguy, de quem extraiu, segundo Manuel Bandeira, as principais características de sua obra – os ritmos largos, o paralelismo, o uso "profético" das formas verbais do futuro, a criação de personagens etéreas, desprovidas de identidade, e, sobretudo, a indeterminação do tempo e do espaço.

Observe-se a sequência de livros publicada pelo poeta nos anos 1930 e 1940: *Pássaro cego* (1930), *Desaparição da amada* e *Navio perdido* (1931), *Canto da noite* (1934), *Estrela solitária* (1940), *Mar desconhecido* (1942), *Fonte invisível* (1949). Considerando-se apenas os títulos – em que os adjetivos negam os substantivos, confirmando o gosto pelas antíteses que na época se tornou bastante comum –, já é possível entrever o território de ausências em que se assentou a poesia schmidtiana. O que nela predominou desde cedo foi o "sentimento de irrealidade", conforme a expressão de Roger Bastide, ou seja, a substituição do mundo material, da vida cotidiana, das referências autobiográficas, das realidades concretas e específicas – que compunham o húmus da poética modernista –, por uma espécie de mundo flutuante, vago, impessoal. Um universo construído à base de símbolos abstratos e genéricos, como o mar, a noite, o pássaro e, especialmente, o vento, cuja natureza vazia e fugaz traduz à perfeição esse pendor para a irrealidade. Segundo Bastide, "a poesia de Schmidt é a música desse vento".

A exemplo desses símbolos imemoriais, velhos como a Bíblia, que comparecem em pequeno número, sendo *ad aeternum* reiterados, o vocabulário empregado pelo poeta também é bastante reduzido. Palavras simples, sintaxe convencional, nenhum neologismo, nenhuma ousadia de linguagem. Dos temas aos vocábulos, tudo é vulgarmente conhecido. E tudo se repete: os assuntos, as palavras, as imagens, os versos que se tornam refrãos. No juízo de Mário de Andrade, "a mais abusiva das receitas do poeta é o processo musical da repetição". Drummond sugeriu que, mais do que uma simples fórmula, a repetição para Schmidt significava "uma forma de eternização", como se o poeta desejasse vencer o tempo "com os instrumentos temporais da linguagem".

Música é, com efeito, a palavra central. Para além do seu uso retórico – e é importante frisar que uma parte substantiva da obra está ligada ao estilo declamatório dos textos religiosos –, a repetição tem como efeito principal a criação de uma espécie de encantamento, que entorpece o leitor e o afasta da realidade circundante. Produzida pelas repetições e pelo ritmo da linguagem poética, a música desmaterializa o mundo, torna-o vago, escuro, profundo, misterioso. Esse movimento central do autor de *Canto da noite* foi magistralmente sintetizado por Manuel Bandeira no "Soneto em louvor de Augusto Frederico Schmidt", inserido no livro *Lira dos cinquent'anos*, de 1940:

Nos teus poemas de cadências bíblicas
Recolheste o som das coisas mais efêmeras:

O vento que enternece as praias desertas,
O desfolhar das rosas cansadas de viver [...]

A tudo que é transitório soubeste
Dar, com a tua grave melancolia,
A densidade do eterno.

Schmidt não foi o único poeta brasileiro a trazer de volta, em plena euforia modernista, o sentimento elegíaco e a música do Simbolismo (Emílio Moura e Cecília Meireles tomaram o mesmo caminho, para citar apenas dois exemplos). Mas foi ele, sem dúvida, o mais influente dos nossos poetas católicos, o verdadeiro patrono da vertente literária denominada "espiritualista", que reagiu na poesia contra o Modernismo de 1922 e na prosa contra o neorrealismo do romance de 30. Para esses escritores, importavam apenas os grandes assuntos. Como observou Mário de Andrade, tudo virou ausente, distante, gelado, escuro etc. A partir da entrada em cena de Schmidt, o sublime, de que tanto desconfiavam os modernistas, voltou em cheio ao panorama literário brasileiro. De acordo com Manuel Bandeira, "é precisamente essa volta ao sublime a qualidade nova trazida à nossa poesia pela voz de Schmidt, logo secundada pela de Vinicius de Moraes".

No artigo "A volta do condor", Mário de Andrade criticou bastante essa poesia por sua voz grandiloquente, seu caráter convencional, sua perda de definição. Lamentou muito o que chamou de "detestável macaqueação do profundo, do essencial, do eterno, sem nenhum contato mais com a realidade". Afirmou ainda que o misticismo desses poetas estava longe de ser "orgânico", não passando, na verdade, de "sentimentalismo".

Recentemente, numa tese de doutorado sobre Schmidt, Valdinei Dias Batista levou ainda mais longe as críticas de Mário, investigando o envolvimento do poeta com o "movimento reacionário católico" e sua campanha contra o avanço do comunismo no Brasil. O título da tese, *O sineiro dos mortos*, foi extraído de um fragmento de *O galo branco*, o livro de memórias de Schmidt: "Hoje num rápido exame verifico que se houve na literatura, na vida brasileira, um lugar e um papel para mim, foi o de sineiro dos mortos, das coisas mortas, das tristezas, das assombrações e dos pavores. E se realizei alguma coisa de autêntico e de continuado foi como espectador do passado". O mais grave, segundo Batista, é que esse conservadorismo teria sido propagandeado por um lirismo falsamente religioso, que no fundo não crê no que canta, ao contrário da autêntica poesia bíblica.

Voltemos às suspeitas de Mário de Andrade sobre a fé dos poetas espiritualistas. No artigo "A volta do condor", o problema reaparece no momento em que ele se põe a analisar os poemas do livro *Estrela solitária*. Para Mário, não é a lição cristã que prevalece. Ela seria vencida em muitos passos pelo sentimento do trágico, caracterizado pela falta de esperança e por uma percepção acentuada da fatalidade de nossa existência – sentimento que foi bem expresso, segundo Mário, no poema elegíaco sobre um pássaro morto, intitulado simplesmente de "Poema", que se tornou com justiça um dos mais citados e admirados do autor.

Poema

Era um grande pássaro. As asas estavam em cruz,
       [abertas para os céus.
A morte, súbita, o teria precipitado nas areias
       [molhadas.
Estaria de viagem, em demanda de outros céus
       [mais frios!
Era um grande pássaro, que a morte asperamente
       [dominara.
Era um grande e escuro pássaro, que o gelado e
       [repentino vento sufocara.
Chovia na hora em que o contemplei.
Era alguma coisa de trágico,
Tão escuro, e tão misterioso, naquele ermo.
Era alguma coisa de trágico. As asas, que os
       [azuis queimaram,
Pareciam uma cruz aberta no úmido areal.
O grande bico aberto guardava um grito
       [perdido e terrível.

No conjunto da obra de Schmidt, este pode ser considerado um poema típico e ao mesmo tempo incomum. Típico porque traz a irregularidade, o ritmo alongado, as repetições, o repertório de imagens (pássaro, céu, vento) e os adjetivos que podemos reconhecer em tantos outros poemas. Nas palavras de Aurélio Buarque de Hollanda, que lhe dedicou uma bela análise, "há certo jeito prosaico, alguma coisa de igual, de esperado, de sem-novidade, que, por contraste, é boa parte da grandeza do poema". A raridade vem do fato de, no meio de tantas páginas derramadas e cheias de brilho, esses versos serem simples, sóbrios. A adjetivação é numerosa, porém precisa. "Só o indispensável", observa o crítico. Daí a força desse poema marcado por "uma beleza silenciosa, grave e funda". A despeito das repetições, a peça prima pela concisão. Aparentemente monótono e distendido, o poema se mostra, na verdade, tenso e termina por revelar "algo imprevisto". Essa revelação é a do poder exorbitante da morte, que intervém súbita, mudando de chofre o itinerário do pássaro. Entre as repetições, duas se destacam: os períodos "era um grande pássaro" e "era alguma coisa de trágico". Essa reiteração contém, segundo Aurélio, a verdade nuclear do poema: o voo frustrado pela morte, "a grandeza subitamente aniquilada".

Em seu comentário sobre o poema, Mário de Andrade conclui que a morte cantada por Schmidt "é um fim, um ponto final, um como que terror paralisante de acabar. E principalmente a visão seca do acabado". Nisso consistiria a poderosa visão do trágico, que o autor de *Macunaíma* considerou a contribuição mais original de Augusto Frederico Schmidt à poesia do seu tempo. Essa força do trágico seria a prova de que Schmidt havia superado a si mesmo, que sua poesia era maior do que seu currículo, suas atitudes e vontades: "A poesia vence! A poesia vence neste grande poeta que a matou!".

Embora não seja minuciosa como a análise do poema feita por Aurélio, a reflexão de Mário de Andrade contém a ideia fundamental de que, nos seus melhores momentos, a poesia de Schmidt contraria a sua concepção sobre a arte poética. O que surpreende nesse tratamento elegíaco da morte – grande tema universal, assunto humano por excelência –, onde seria de esperar a mesma generalidade de tantos outros poemas, é o fato de aqui nos defrontarmos com um instantâneo que traz a marca do vivido. Apesar de o tempo e o espaço não estarem determinados, sentimos o peso da experiência, que confere densidade ao símbolo. Escapando às receitas da poesia religiosa, aqui o símbolo não se esgarça, não perde sua definição.

Outra diferença notável em relação à vertente espiritualista é o modo como se figura o "eu lírico" no poema. Tão abundante no conjunto da poesia de Schmidt, com seus lamentos e quereres ("quero" é mais uma palavra-chave do seu vocabulário, ocorrendo, como vimos, desde a abertura do primeiro livro), a subjetividade quase desaparece nesse "Poema", atropelada pelo impacto de outro ser – o pássaro – e do terrível acontecimento contemplado – a morte. Está claro que toda visão, embora objetiva, diz mais sobre o sujeito do que sobre o objeto. E não se pode ignorar a força surpreendente que o "eu" adquire no sexto verso: "Chovia na hora em que o contemplei". Ocupando a posição central do poema, esse verso distingue-se dos outros por ser o único que não possui adjetivos. Num poema construído com formas verbais vagas, indefinidas, o sexto verso é também o único em que prevalece a firmeza do pretérito perfeito: "contemplei". E, finalmente, o único em que ocorre a presença direta do "eu lírico". Ambos, o verbo e seu sujeito, recebem acentuação tônica, no final do verso.

Por outro lado, podemos notar a presença da subjetividade no modo como o poeta se projeta no pássaro. A vida do animal fora a constante viagem "em demanda de outros céus mais frios" (assim como o poeta, assumidamente, desejara tomar o "caminho do frio", isto é, da Europa). Depois de morto, suas asas ficam "abertas para os céus" (a eternidade que sempre seduziu o poeta). Entretanto, conforme observou Aurélio Buarque de Hollanda, no desenvolvimento do poema o que passa a impressioná-lo é o túmulo do pássaro, o "úmido areal", a terra com a qual se misturou em oposição ao céu que almejara.

Descontadas as diferenças, que são óbvias, é impressionante o parentesco desse poema de Schmidt com "No meio do caminho", de Drummond, uma das criações mais célebres e escandalosas do Modernismo. Os dois poemas possuem a estrutura formada por repetições e o ritmo de cantilena. Em ambos, o verso central interrompe a série de repetições com a inesperada aparição do sujeito: o verso "chovia na hora em que o contemplei", por sua posição e significado, lembra a sequência "Nunca me esquecerei desse acontecimento / na vida de minhas retinas tão fatigadas". Um poeta discorre sobre o poder sobrenatural da morte, enquanto o outro fala da banalidade de uma pedra no caminho, mas ambos são poemas sobre acontecimentos. Embora possua seus próprios méritos ("as asas, que os azuis queimaram", como notou Aurélio, é um belo achado), o fato de evocar o modelo drummondiano dá ao poema uma força ainda maior. Resta-nos, portanto, uma constatação curiosa: os traços que fazem de "Poema" um dos melhores momentos da poesia de Schmidt – simplicidade, concisão, secura, descrição realista de acontecimentos – são ecos que nos remetem, vejam só, às principais características do Modernismo da década de 1920. A poesia, felizmente, desmente o poeta.

POEMAS

CANTO DO BRASILEIRO
(1928)

CANTO DO BRASILEIRO

Não quero mais o amor,
Nem mais quero cantar a minha terra.
Me perco neste mundo.
Não quero mais o Brasil
Não quero mais geografia
Nem pitoresco.

Quero é perder-me no mundo
Para fugir do mundo.

As estradas são largas
As estradas se estendem
Me falta é coragem de caminhar.

Sou uma confissão fraca
Sou uma confissão triste
Quem compreenderá meu coração?!

O silêncio noturno me embala.
Nem grito. Nem sou.
Não quero me apegar nunca mais
Não quero nunca mais.

Vem calma fresca do vento bom
Abanar minha febre!

Vem beijar minha ferida
lua tão branca!

Vem matar minha sede
água tão pura!

O mundo pesa em cima de mim
Não quero mais carregar ele.

Nem filosofias
Nem nada.
Sou o homem que chora
O silêncio chora também
Tudo chora
A noite chora
Os bois choram perdidos no alto do morro.

Meu coração!
Nas vielas escuras – meu Deus que mistério!
Nos portos tão longe
Tristezas tão grandes!

Me perco no mundo
Me perco nas vidas
Me rasgo de raivas inermes e enormes.

E a terra era pura
E puros os homens
E tudo tão puro!

Nos galhos as frutas maduras pendiam
E os rios corriam tão puros cantando
E a vida corria no leito dos rios
Nas noites – tão trêmulas – mulheres erguiam
Mulheres erguiam os olhos pra lua
Pra lua tão branca, tão pura no céu.

E a lua chorava seu choro macio
E a lua deitava seu óleo oloroso
Na pele tostada das lindas mulheres.

E as cobras se erguiam nas matas escuras
Sagradas e lindas – bandeiras estranhas
Mil cores sombrias corriam no chão.

Depois no silêncio da noite serena
Os homens pensavam nas lutas e guerras
Nas pescas e caças – que vida meu Deus!
Mas se as tempestades tombavam medonhas
E raios riscavam o céu sempre azul
Que medos sombrios! Castigos medonhos!
Que medos tamanhos sentiam então!

Agora, a tristeza
Cidades tão lindas.
Agora, a saudade
Cidades tão grandes.
Nas matas de casas me perco meu Deus!
Me sinto sozinho.

E vieram cantando cantigas tristonhas
Morcegos escuros olharam pra eles –
Se encolhem os ombros nos suores tragédias.

De noite as esquinas das ruas dos bairros –
Dos bairros longínquos –
A luz é mortiça.
Ah, são os primários!
Ficaram grudados no povo bem fundo.

E a voz chama ele
De dia é moleque
Escuro e safado
De noite o mistério da voz chama ele
E muda-se em trágico anseio o seu grito
Macumba!
E ele é o mistério também.

Está tudo minado
Ah são os primários!

Meus Deus!
        (nem precisão de mundo...)
Meu Deus que te ocultas em tudo o que existe,
Tirai-me a tristeza que lenta sufoca
O meu coração.

Meu Deus a inocência primeira trazei-me,
São Jorge na lua!
Meu Deus explicai-me que eu vivo tremendo!
Meu Deus aclarai-me!

Eu tenho saudade de luares estranhos –
Eu tenho nos olhos paisagens estranhas –

Paisagens estranhas de frios intensos
Cegonhas tremendo no alto das torres
Visões de distâncias tão raras – tão raras –
Nos mundos estranhos, que voz se ergue então?

– Minha pátria é bem longe
Minha pátria é mais longe
Fujamos daqui.

E a onça é o mistério
Tem febre nos olhos –
Tem sol concentrado no seu coração.

– Minha pátria é aqui mesmo!
Lembrai-vos dos prantos
Que os rios levaram
De alguém que partiu.

Sou um homem primário
Iludo-me sempre.
Quando acertarei?

E rasgam meu peito as noites tremendas...

Lamparina de dois bicos
Diz adeus a Lampião
Quem mandou foi um caboclo
Que quer o seu coração.

Lamparina de dois bicos
Diz adeus a Lampião.

E a noite se estende tão braba lá fora
Silêncio. A rede suspensa. E um bico de gás.
Desorganizo-me
O espaço se mostra
Caminhar!

O Futuro é levado
Nas marchas malucas dos trens.

Alpendres tão claros
Na luz da manhã!
E as vidas tão calmas

Juízes – promotores – delegados
Alpendres tão limpos
Na luz da manhã!

Que imagens tão doces!
Que vidas tão simples!
Que moças tão lindas!
Vitrolas tocando na noite que cai...

Os campos semeados
De frutos dourados
Tesouros que se abrem
Pra gente apanhar.

Por que senhor Deus não fico parado?
Por que senhor Deus não gozo a beleza
Da vida tão boa que posso gozar?
Por que vivo sempre

Sangrando
Chorando
Com os olhos pregados na noite que vem?!

Por que sofro tanto
Por que me torturo
Por que me machuco,
Meu Deus sem razão?

Por que tenho tédio?
Nem vejo as belezas
Da terra em que estou?!

Horizontes fechai-vos
Quero ser pequenino
Quero ser bem estreito
Nem nada enxergar.

No espaço azul, de luz crua,
Desejo a sombra calma
E a lua
A lua morta a balançar
No céu
Nas noites de lua
Desejo a luz crua.

Nem sei que desejo...

Tombai dos meus dedos tesouros imensos
Perdei-vos pra mim...

Senhor Deus fazei com que eu fique
Bem preso à minha terra
Sou leve
Sou balão.

Sinto que em breve irei perder-me
No espaço puro
Na amplidão!

Dai-me correntes!
Senhor Deus ancorai-me!
Quero ficar preso
Quero ficar.

As brumas longínquas me chamam
Me chamam
As brumas longínquas
Me chamam pra lá.

Eu quero ficar!

Voz morna e morena
Se arrasta de noite
Tão triste e cansada.

Tão triste e cansada
De onde virá?

Na beira da estrada
Conversam baixinho
Conversam conversas
Ninguém saberá.

Silêncio tão fundo
Que coisa tão bárbara
Não posso ficar!

Teus olhos me chamam
Me prendem teus olhos
Ó minha tortura
Quando acabarás?

Sou fraco
Tão fraco que eu sou!

Me chamam os ventos
Que zumbem de noite
Os ventos que lambem com fúrias malvadas
Os campos tão grandes – de gramas tão verdes.

Me chamam as vozes soturnas dos rios
Dos rios que correm nas selvas escuras.
Me chamam fantasmas de terras distantes –
Me chamam fantasmas também...

Meu Deus amparai-me
Não quero perder-me
Não quero largar-me

Senhor, quero ser!
A terra me chama
A terra me perde
Senhor, quero ser!

As noites são tristes
Os dias mais tristes
Tristezas há em tudo
Que existe por cá.

Meu Deus olhai para mim!
Meu Deus sou brasileiro!
Sou brasileiro.

Brasileiro sem rumo
Brasileiro sem cabeça
Perdido – perdido no seu país.
Meu Deus olhai pra mim
Me abençoai que eu sou brasileiro,
E o brasileiro que não tem nada
E o brasileiro que está sozinho
O brasileiro tem coração!

NAVIO PERDIDO
(1929)

CANTO DO ESTRANGEIRO

I

Agora, neste mesmo instante,
Nesta noite triste onde grilos cantam no silêncio vago,
No meio deste ambiente que me é tão familiar,
Sinto uma vontade enorme de partir.

Partir! Sim, partir! Poder andar errante e humilde –
Noutras terras (nem sei quais são) tendo por sobre mim
Um outro céu, estranho e amigo!
Ah! Poder partir...

Não sou daqui.
Sou de longe.
Quero licença para voltar,
Voltar às terras vagas e raras
Que já conheço sem conhecer.

Desejo de partir, desejo de perder-me nas distâncias –
Nas distâncias longas e longas... infinitas.
Outro céu contemplar – respirar outro ar...
Ter mais doçura e mais encanto em volta,
Flores nos prados, delicadas, pequeninas.
Sentir renascer o mundo novamente nas primaveras,
Nas primaveras embalsamadas dos campos.
Escutar a cantiga, a voz, o grito das florestas amigas.
E ver um outro luar surgir nas noites calmas.

Não sou daqui,
Quero ir-me embora!
Quero diluir-me nos espaços
E esquecer-me da doçura das alfombras
Longe – bem longe!

II

Na paz deste momento enervante,
Neste ambiente morto recalcado de saudades
Sinto desejo de fugir além dos mares;
Ir para o meu país, que não é este.

E tudo me convida a ir-me embora.

O céu distante,
O mar, onde de quando em quando
Um apito recorta longamente
O silêncio abafado desta noite.

Marinheiro! Marinheiro!
Ir boiando na vastidão dos mares bebadamente.
Marinheiro! Marinheiro!

Misturar-me nas multidões dos portos inéditos!
Tudo é um convite para que eu parta.
Ah! São paisagens bárbaras e rudes
Desta terra que aterra e que domina –
E são as paisagens humana e também dolorosas de
 [igualdade, dolorosas de desinteresse
 [e de monotonia.
Tudo é um convite para que eu vá:

É o vento que assobia, que assobia
E levanta a poeira das ruas,
São as luzes que brilham bem na distância.

III

De onde vieste, instabilidade eterna e triste?
De onde vieste?
De onde vieste, desejo de não ser –
De não ficar?

David Goldschmidt...
Ó judeu meu bisavô,
Por que partiste de Francfort?
Terá vindo de ti esta nostalgia de caminhos novos, de
                [estradas doces e solitárias,
                [esta ânsia de dispersão?

Quero partir!
Sinto-me estranho dentro da vida que me cerca,
Quero partir – o céu que cobre a minha angústia
Não é o céu que amo e quero, meu céu natal!

IV

Tudo é um convite para que eu parta:
Estes grilos cantando, espetando o vazio
E a minha solidão eterna.

V

Debalde vozes amigas,
podereis cantar velhas cantigas.
Debalde visões do meu passado
Tão próximo e distante, podereis querer enternecer-me,
Ah! Eu sou o que não tem raízes fundas!
Eu sou o que não tem afetos fundos!

Tenho medo de mim –
Tenho medo dos desejos que gritam em mim,
Tenho medo das fascinações graves que sofro.

Sou navio perdido na névoa.
Uma âncora, Senhor!
Estou cansado,
Sangro de dor e de inquietude
Onde o meu porto?
Onde a mansão que acolherá minhas ânsias e o meu
                                                             [medo?

Desejo de partir agora neste instante –
Desejo de partir sem pensar, para o mistério que me
                                                [chama sempre
E que não deixará jamais de me chamar...

ALMA

Às vezes eu sinto – minha alma
      Bem viva.
      Outras vezes porém ando erradio,
      Perdido na bruma, atraído por todas as
                      [distâncias.

Às vezes entro na posse absoluta de mim mesmo
      E a minha essência é alguma coisa de palpável
      E de real.
      Outras vezes porém ouço vozes chamando
                      [por mim,
      Vozes vindas de longe, vozes distantes que o
                      [vento traz nas tardes mansas.

Sou o que fui...
Sou o que serei...

Às vezes me abandono inteiramente a saudades estranhas
      E viajo por terras incríveis, incríveis.
      Outras vezes porém qualquer coisa à toa
      O uivo de um cão na noite morta,
      O apito de um trem cortando o silêncio,
      Uma paisagem matinal,
      Uma canção qualquer surpreendida na rua –

Qualquer coisa acorda em mim coisas perdidas no tempo
    E há no meu ser uma unidade tão perfeita
    Que perco a noção da hora presente, e então

Sou o que fui.
E sou o que serei.

PRESSENTIMENTO

O passarinho morreu.

Levantou-se correndo do balanço com os olhos vermelhos
 – O passarinho morreu...

Estávamos brincando perto do campo de tênis
Onde não se entrava sem licença;
Era de tardinha
Quase perto da hora em que o sino chamava para o jantar.

O passarinho caiu da árvore
E ficou um tempinho tremendo.
Depois morreu, com o bico aberto.

Fez-se o enterro num canteiro
E se pôs uma cruz em cima...
Depois ficamos a olhar o chão à toa.

SOLIDÃO

Só a natureza. O grilo. O animal estranho
Dono do descampado misterioso.

IMAGEM

Aquela despedida para nunca mais.
As mãos se apertaram num gesto rápido.
Os olhos se encheram de lágrimas –
Nunca mais, como um soluço, nunca mais.

Destinos que se cruzam rapidamente.
Quem sabe se de novo, um dia...?
Havia um pressentimento, uma certeza quase, porém,
De que nunca mais, nunca mais...

Fazia frio. Homens de sobretudo, as golas levantadas.
Um chalé de madeira, perdido, muito longe.
E a montanha espetando o céu cinzento.

No coração opresso, os apitos eram punhaladas longas.
E aquele olhar, e aquele olhar triste e molhado.
E aquelas mãos morenas a dizer adeus...

PÁSSARO CEGO
(1930)

PÁSSARO CEGO

Sinto clamar em mim vozes tristes, chorando.
Sinto gritar em mim longos martírios
Que não sofri.

Sinto que sou a forma, o lamento, a expressão
De mil tormentos mudos abafados.
De mil tormentos sem voz.
Mil tormentos sem voz!

Minha poesia é um pouco da queixa de homens errantes,
De homens sem lar e sem repouso.
De homens que foram meus avós.
Deles herdei a angústia infinita,
Deles herdei o tédio de todas as paisagens,
A inquietação de todos os momentos.

Sou a última folha de uma árvore infeliz
Que o vento rude desprendeu.

Trago comigo a desolação da pátria abandonada
E a revolta de mil incompreensões e injustiças sofridas,
Mas há em mim um infinito desejo de pacificação;
O ódio de meus avós não está comigo,
Ficou apenas a indecisão
Ficou apenas a instabilidade.

Sou como um pássaro cego voando na eterna escuridão.
No entanto a escuridão está em mim somente.
Sei que fora de mim há um clima diferente,
Sei que há céu azul, supremas claridades,
E que as trevas estão nos meus olhos apenas.

SOLIDÃO

Bati medrosamente à porta.
Bati depressa e com terror,
Mas ninguém respondeu.
Estava a casa vazia.

Uma grande tristeza em mim.
Todas as luzes tinham-se apagado,
E a noite era alguma coisa de enorme,
E o vento! E o vento! Como ventava!

Como ventava! O céu estava escuro.
Ah, tão escuro estava o céu!
Se ainda o luar andasse pela altura,
Eu teria coragem de voltar.

Mas os caminhos tão escuros...
Tantas surpresas no silêncio, tantas.
Como mover-se numa noite horrível.
Numa noite sem-fim, soturna assim?

Estava a casa vazia, abandonada.
As vozes tinham-se apagado todas
E as fisionomias tinham desaparecido
No tempo que acabou...

A AUSENTE

Os que se vão, vão depressa.
Ontem, ainda, sorria na espreguiçadeira.
Ontem dizia adeus, ainda, da janela.
Ontem vestia, ainda, o vestido tão leve cor-de-rosa.

Os que se vão, vão depressa.
Seus olhos grandes e pretos há pouco brilhavam,
Sua voz doce e firme faz pouco ainda falava,
Suas mãos morenas tinham gestos de bençãos.

No entanto hoje, na festa, ela não estava.
Nem um vestígio dela, sequer.
Decerto sua lembrança nem chegou, como os convidados –
Alguns, quase todos, indiferentes e desconhecidos.

Os que se vão, vão depressa.
Mais depressa que os pássaros que passam no céu,
Mais depressa que o próprio tempo,
Mais depressa que a bondade dos homens,
Mais depressa que os trens correndo nas noites escuras,
Mais depressa que a estrela fugitiva
Que mal faz um traço no céu.
Os que se vão, vão depressa.
Só no coração do poeta, que é diferente dos outros
                                        [corações,
Só no coração sempre ferido do poeta
É que não vão depressa os que se vão.

Ontem ainda sorria na espreguiçadeira,
E o seu coração era grande e infeliz.
Hoje, na festa, ela não estava, nem a sua lembrança.
Vão depressa, tão depressa os que se vão...

QUANDO VOLTAR O OUTONO

Não estarei mais nesta terra
Quando voltar o outono,
Terei partido para a longa viagem.
Terei partido para a longa viagem.

O vento gemerá nas tardes solitárias
Quando voltar o outono
E arrancará das árvores esguias
As folhas derradeiras.

As veigas estarão abandonadas
Quando voltar o outono,
Os pássaros também terão partido
Para outros climas, para muito longe.

A lua chegará tristonha e vagarosa
Quando voltar o outono,
E a sua luz macia e doente
Sobre as várzeas desertas descerá.

Não estarei mais nesta terra
Quando voltar o outono,
Terei partido para a longa viagem
Do último abandono.

NOIVAS MORTAS

Raparigas mortas no verdor dos anos,
Serei vosso poeta. Passarei cantando,
Com meu canto triste, vosso esquecimento,
Raparigas mortas no verdor dos anos...

De uma sei, meu Deus: tão louros cabelos, tão distante
[olhar!
Raparigas mortas ainda virgens, mortas sem amor talvez:
Serei o enamorado – vosso enamorado. Não me desejais?

Raparigas mortas no verdor dos anos...
De uma sei, meu Deus, que era tão linda
Que mais linda ainda não verei talvez.
Raparigas mortas, bem me compreendeis:
 Para vós minha alma não tem mais segredos,
Sabeis na verdade que bem puro sou,
Sabeis que sou terno, que sou delicado.

Raparigas mortas, não me desejais?
Vossas companheiras, as que ainda são vivas,
Nem sequer me querem um instante olhar.
Sonharei amores muito lindos, raros...
Sonharei amores como jamais há,
Cantarei cantigas, raparigas mortas
Cantarei cantigas para vos louvar.

E serão tão tristes e serão tão lindas as cantigas minhas,
E virão tão fundo do meu coração,
Que no eterno leito onde descansais
Comovidas todas vos farei chorar.
Raparigas mortas no verdor dos anos,
Pobres raparigas pálidas e finas,
Sei a vossa história mais do que ninguém.

Raparigas mortas, bem me compreendeis.
Vejo-vos brincando num tempo distante,
Ainda bem meninas, mas tão tristes já;
Vejo-vos mais velhas, numa espera inútil
De felicidade que jamais virá;
Vejo-vos deitadas, muito esguias, muito,
As mãos magras, brancas como lírios murchos
No leito de morte com o velado olhar.

Raparigas mortas, bem me compreendeis...
De tudo esquecidas, as que vivem – riem,
Passam junto a mim, sem querer me olhar.
Raparigas mortas no verdor dos anos,
Rosas esfolhadas pelo vento mau,
Serei vosso poeta, vosso noivo eterno...
Tristes raparigas, não me desejais?

SERENIDADE

O dia amanheceu de um azul muito límpido.
Ontem ainda chovia e só o ruído da chuva
Enchia, monótono, o longo silêncio.
Hoje, porém, no céu claro voam passarinhos.

Uma grande calma se estendeu sobre todos os seres.
Diviso, da janela do meu quarto, a mancha verde de
                                  [uma montanha.
As árvores se enfileiram verdes também, ao longo da
                                        [rua.
Com a paisagem serena, meu espírito serenou também.
Não mais as trevas, nem mais a amarga consciência da
                                  [minha inutilidade
Me enche de solidão e desamparo o coração.
Todos os meus desesperos diminuíram.
Sinto-me capaz de amar com uma grande humildade
           [o ambiente de incompreensão que me cerca,
Sinto-me capaz de ser feliz na calma obscura.

No céu, de um azul muito límpido, voam passarinhos...

VAZIO

A poesia fugiu do mundo.
O amor fugiu do mundo –
Restam somente as casas,
Os bondes, os automóveis, as pessoas,
Os fios telegráficos estendidos,
No céu os anúncios luminosos.

A poesia fugiu do mundo.
O amor fugiu do mundo –
Restam somente os homens,
Pequeninos, apressados, egoístas e inúteis.
Resta a vida que é preciso viver.
Resta a volúpia que é preciso matar.
Resta a necessidade de poesia, que é preciso contentar.

LUCIANA

As raparigas que dançavam,
Luciana a pálida, todas
Como os frutos apodrecerão –
Porque só há um destino
Com muitos caminhos embora.

Depois outras raparigas é que dançarão.
Luciana passará com o seu sorriso triste,
Suas mãos brancas repousarão –
Porque só há um destino
Com muitos caminhos embora.

Cada um conhece o seu destino:
Luciana a pálida, e as outras também,
Todas as raparigas que dançavam –
Cada um traz seu destino no rosto,
No rosto de Luciana e das outras também.

Em breve, todas as figuras mudarão:
Serão outras, e tudo terá passado –
Os homens, as mulheres, o salão,
Os móveis – nem lembrança sequer restará.
Luciana terá desaparecido como a poeira da estrada,
Como à poeira o tempo dispersará a fisionomia de
                                [Luciana;
E – atentai bem – Luciana não se repetirá.
Ninguém se repete no tempo. Cada um é diferente.
Cada um existe uma vez só e não é substituído.
Contemplai bem, pois, Luciana que não se repete.

SONETO II

A luz da lua desce sobre a terra.
As estrelas no céu brilham longe, bem longe,
Apenas um vento fresco agita as árvores.
A noite está serena, tão serena...

Céu alto. Céu limpo. Noite fresca.
Nada me aconteceu de triste, nada quase:
No entanto a minha velha tristeza quieta
Vela e chora por mim, e chora em mim.

Céu alto. Felicidade de olhar a noite. Frescos
Ventos, acariciantes ventos. Nem um ruído.
Minha velha tristeza preguiçosa e eterna.

Vontade de escrever. Vontade humilde de escrever,
Escrever à toa, sem dizer nada. Escrever sem razão,
Para distrair talvez um desejo incompreensível de chorar,

PAISAGEM

Nos pontos mais escuros as luzes surgirão.
As luzes serão porém frias e diferentes,
Haverá apenas uma grande planície.

Será chegada a hora de nos encontrarmos:
As horas porém não contarão mais,
Porque tudo parou e as casas desapareceram.

Viremos de lugares diversos – tão diversos
Que, enfim, saberemos que bem próximos estivemos
E que só não nos encontramos porque fomos cegos.

Estarás ansiosa e cheia de angústia, para me rever.
E eu estarei profundamente temeroso
De que não me reconheças como estou.

Todas as saliências desaparecerão, no lugar:
Só a planície se estenderá diante de nós,
Só a planície já iluminada cruamente.

Será a hora de nos encontrarmos.
Tentarei inutilmente fugir, porque todos os caminhos
Terão desaparecido e as portas todas fechadas estarão.

Só outras sombras avistarei, muito longe,
Lentamente aproximando-se de nós para o encontro;
De resto, uma nudez absoluta envolverá tudo.

Eu, porém, me conservarei como estou.
E as minhas fraquezas, meus sentimentos, minhas
[complexidades,
Não se diluirão na diferença total do ambiente.

E no grande, no último mistério,
Todo o mistério estará – para sempre – acabado.

EQUILÍBRIO

Há muito o meu coração estava seco.
Há muito a tristeza do abandono,
A desolação das coisas vagas e vazias,
Entrara em mim.

Porém foi de repente talvez a contemplação
De um céu noturno como mais belo nunca vi,
Com estrelas de um brilho intenso,
De uma pureza incalculável e incrível.

A poesia voltou de novo ao meu coração –
Como a chuva caindo na terra queimada,
Como o sol clareando a tristeza das cidades,
Das ruas, dos quintais, dos tristes e dos doentes...

A poesia voltou de novo, única solução para mim.
Única solução para o peso dos meus desenganos,
Depois de todas as outras soluções terem fugido:
O amor, o ódio, a fé, o abandono, a riqueza...

A poesia voltou, de novo consoladora e boa,
Com uma frescura de mãos santas de virgens,
Com uma bondade de heroísmos terríveis,
Com uma violência de convicções inabaláveis.

Vi fugirem todas as minhas amargas queixas, de
                                        [repente
Tudo me pareceu sólido, exato, reto:
A poesia estabeleceu em mim um equilíbrio ignorado.
A poesia caiu de novo em mim, como um raio.

CANTO DA NOITE
(1934)

CANTO DA NOITE

Ouvi o cântico da noite!
Eu ouvi o cântico da noite!
Chegou dos vales profundos e distantes
Depois de se terem acendido as estrelas!
Ouvi a música sem-par vir chegando
Trazida do céu frio e claro, multiplicada pelos espaços
                              [sem tempo,
Fresca e perfumosa das entradas sobre os campos da terra.
Ouvi a música da noite e meus ouvidos se confundiram
                              [com a minha alma
E meus ouvidos se misturaram com o mistério.
Que as palavras tomem uma doçura e uma gravidade
                              [sem-par
Porque eu preciso contar o que ouvi e não poderei mais
                              [esquecer.
A harmonia desceu sobre mim e o mártir sorriu livre.
Cantaram águas das floretas
Cantaram pássaros desconhecidos
Cantaram flores e árvores
Cantaram perfumes e astros cantaram.
Sobre o silêncio a sombra de Deus sorriu.
O orvalho cantou sobre as flores
E o canto era composto de luz
Duma luz suave e boa
E o canto era imenso como o céu e puro como o amor
                              [de Cristo pelos arrependidos

Como o incompreendido que chorou e amou sua tristeza
Como o abandonado que se elevou e não permaneceu
                         [em desespero.
Assim ficou meu coração depois que a grande voz da
                         [noite
Caiu milagrosa do céu e penetrou nos meus ouvidos.
Das montanhas o vento trouxe multiplicadas as vozes
                         [das sombras num concerto único.
Dos rios se ergueram as flores imaculadas
Dos mares chegaram os sopros fecundos de onde
                         [nasceram deuses,
Sorrisos de santos e de crianças se elevaram do coração
                         [do tempo
E subiram de mãos dadas felizes pelas matas, pelas
                         [campinas.
Se eu tivesse o segredo das grandes harmonias
Estaria cantando a música da noite,
Mas sinto que as palavras estão se arrastando diante da
                         [beleza maravilhosa
Como pequeninos barcos diante dos mares revoltos.

Eu ouvi a música da noite e meus ouvidos boiaram
                         [dentro das lágrimas que chorei.
Eu vi a música da noite.
E nem sei se ouvi ou assisti à chegada dessa infinita
                         [harmonia, porque todos os meus
                         [sentidos ficaram unidos.
Como nos corpos em que almas prisioneiras penaram
                         [longamente
Como em atormentados a que a esperança tornou
                         [pacificando tudo
Assim a música da noite serenou meu desespero
E elevou o meu coração.

Jamais ninguém ouviu música tão simples.
Foi a vida que cantou dentro da noite
Foi a mão de Deus, que se estendeu para as almas
            [náufragas nos caminhos da morte.
Foram estrelas perdidas que encontraram o seu equilíbrio
                      [perdido.

Eu via a música da noite.
Eu vi a primeira noite do mundo

Quando o espírito de Deus era levado sobre as águas
                      [indivisas,
Eu vi o nascimento das estrelas e das selvas.
Eu vi o crescimento das raízes
Eu vi a germinação das vidas subterrâneas.
Minha imaginação está de joelhos.
Minha alegria está cristalizada.
Meu desejo está distanciado do meu ser.
Eu vi a música da noite
E ainda ouço o seu eco
Eu vejo ainda a sombra da música
Que passou rapidamente por mim!
Agora há sossego em tudo
E a grande paisagem dorme ante os meus olhos atônitos.
Os galos estão chamando insistentemente com suas
                [vozes numerosas pela madrugada,
Os galos estão chamando pela aurora!

SILÊNCIO DEPRESSA

Silêncio depressa! Tragam dos mares fundos silêncios
Tragam do ar mais distante silêncio!
Tragam silêncio do centro da terra depressa!
Tragam do inferno o silêncio dos condenados que
[descansam.
Tragam do céu o silêncio das beatitudes
O silêncio do voo dos anjos pelos tempos sem espaço,
[tragam depressa
O silêncio dos mortos recém-nascidos, tragam depressa.
Tragam o silêncio dos corpos, dos bêbados dormindo
Tragam o silêncio dos loucos
O silêncio dos mundos, dos tempos.
O silêncio do que ainda vai se realizar, tragam depressa
Tragam por Deus, que eu quero morrer depressa!

ESTRELA MORTA

Morta a Estrela que um dia, solitária,
Nasceu em céu sem termo.
Morta a Estrela que floriu nos meus olhos.
Morta a Estrela que olhei na noite erma.
Morta a Estrela que dançou diante dos nossos olhos,
A Estrela que descendo acendeu este amor
Morta a Estrela que foi para o meu coração,
Como a neve para os ninhos
Como o pecado para os santos
Como a ausência de Deus para os condenados.

Cicatriz do meu céu, Estrela Morta!

APOCALIPSE

As velas estão abertas como luzes.
As ondas crespas cantam porque o vento as afagou.
As estrelas estão dependuradas no céu e oscilam.
Nós as veremos descer ao mar como lágrimas.
As estrelas frias se desprenderão do céu
E ficarão boiando, as mãos brancas inertes, sobre as
[águas frias.
As estrelas serão arrastadas pelas correntes boiando
[nas águas imensas,
Seus olhos estarão fechados docemente
E seus seios se elevarão gelados e enormes
Sobre o escuro do tempo.

TRISTEZA DESCONHECIDA

Como o vento desta noite, como a chuva e o frio
Chegou faz pouco ainda, de muito distante de mim
                                       [mesmo,
Esta tristeza imensa e indefinida!
Nenhuma razão no entanto desta mágoa subiu à flor
                                       [da lembrança.
Tudo ficou confusamente em mim mesmo
Mas foi uma tristeza de passarinho morto num caminho
                                       [chovendo
Tristeza de animais com frio e de casebres miseráveis.
Pensei em destinos desconhecidos que me atormentam
Em rostos de homens que não vi e me acompanham
Pensei em emigrantes que ficaram para sempre longe
                                       [das pátrias, de que eu tenho
                                             [misteriosas saudades,

Pensei em mortos que morreram entre indiferentes
Pensei nas velhas mulheres de todos, humilhadas e
                                         [sorridentes
Mas não achei o motivo desta tristeza que desceu sobre
                                               [mim
No entanto este motivo escondido existe.
Não veio, esta tristeza, da saudade da que é sempre a
                                             [Ausente
Nem da sua graça desaparecida, nem do desespero
                                               [que me causou.
É que esta tristeza não é minha.

Nunca a tive assim, é diferente de todas as minhas
                              [tristezas
E habita o meu coração como o viajante que batido
                [pela tempestade se abrigou numa
                    [casa desconhecida do caminho.
É que decerto minha alma estava distraída
E, como as janelas abertas sobre a noite recebem o vento
                                                  [frio
Minha alma recebeu esta tristeza não minha
Vinda talvez como mensagem de longe para um morto
                                         [há pouco
E que andava perdida procurando um coração qualquer
                        [abandonado àquela hora.

DESPEDIDA

Os que seguem os trens onde viajam moças muito
                        [doentes com os olhos chorando
Os que se lembram da terra perdida, acordados pelos
                        [apitos dos navios
Os que encontram a infância distante numa criança
                        [que brinca
Estes entenderão o desespero da minha despedida.
Porque este amor que vai viajar para a última estação
                        [da memória
Foi a infância distante, foi a pátria perdida, e a moça
                        [que não volta.

SONETO

Depois da grande agitação, a grande calma
O recolhimento, o último sossego desencantado.
Depois da grande ânsia e imenso esforço,
O crepúsculo final doce de ser vivido...

Onde estão as tragédias sem remédio?
Onde estão os furores e as desgraças?
Há apenas agora a sombra, dos jardins silenciosos
As meninas passeando nas calçadas sorrindo.

Há apenas as igrejas mortas e os corações dos fiéis
O fumo das agonias finais se dissolveu no ar.
As grandes mágoas desapareceram das memórias.

Nem sequer a consciência dos pecados.
Só o crepúsculo doce, com grandes silêncios
E a frescura dos jardins na hora da noite chegar.

O GRANDE MOMENTO

A varanda era batida pelos ventos do mar.
As árvores tinham flores que desciam para a morte,
 [com a lentidão das lágrimas.
Veleiros seguiam para crepúsculos com as asas cansadas
 [e brancas se despedindo.
O tempo fugia com uma doçura jamais de novo
 [experimentada
Mas o grande momento era quando os meus olhos
 [conseguiam entrar pela noite fresca
 [dos seus olhos...

APARIÇÃO DA AMADA

No princípio foi a voz.
Vinha do alto da casa, escondida.
Foi a voz que eu ouvi primeiro.

Depois foi ela mesma que surgiu.
Disse rindo, disse alegremente o meu nome.
Lembro que disse o meu nome.

A noite não permitia que eu a fitasse.
Estava no alto da casa escondida.
Mas eu a vi, seu vulto eu vi.

Não estou certo, mas parece que me chamou.
Mas chamou rindo e foi por isso que fugi.
Fugi em desespero, o coração voando e batendo como
[um bicho medroso.

Não poderei dizer onde encontrei sua voz e seu corpo.
Sei que ela surgiu do alto da casa, escondida.
Sei que estava alegre como se desconhecesse tudo.

Sei que fugi rápido como o vento da tarde
Rápido como a estrela do mar no coração da noite.
Rápido como o canto da morta e como o soluço do pobre.

Fugi rápido, temendo que ela me olhando risse mais.

CANÇÃO DA BREVE SERENIDADE

Ouço a chuva cair. Olho as ruas molhadas
Penso nas violetas e nos jardins em flor.
Desce ao meu coração uma paz sem memória.
Desce ao meu coração uma doçura imensa.

Lembro o amor a dormir tranquilo e sossegado
A rua esquiva e sem pregões, a rua pobre,
A rua humilde e a casa pequenina, em que se abriga.
Lembro a infância que foi e outras manhãs já longe

Sinto a vida como a chuva descendo
Sobre os quietos beirais, sobre as ruas, descendo
Sinto que o tempo é bom porque não para nunca.

Um ritmo de abrigo envolve as coisas, tudo.
Vontade de dormir o grande sono calmo
Ouvindo a chuva triste e mansa, a descer sobre mim.

ESTRELA SOLITÁRIA
(1940)

ESTRELA SOLITÁRIA

Ó Estrela solitária nos céus!
Ó Estrela que o mar parece convidar
Para um encontro impossível!
Ó Estrela impassível,
Estrela dos abismos, Estrela dos abismos!
Há quanto desafias o tempo!
Há quanto esperas o fim dos tempos!

Estrela, que o mar convida
Para um encontro fatal,
Por que nos olhas assim, tão tristemente?
A nós, tu pareces, solitária Estrela,
A imagem de um desespero sem forma,
A imagem de uma suprema tristeza.
Em torno de ti está o silêncio, o grande silêncio;
Em torno de ti está o frio irreparável.
Não descerás jamais aos móveis abismos,
Ó Estrela dos abismos!
Ficarás com a tua viva luz,
Enfeitando as estradas sem termo.
As frias flores, salvas da morte,
Estão dançando nos caminhos do céu.

Ó Estrela fonte da glória dos mundos,
Estrela dos abismos, Estrela dos abismos!

Poesia – Estrela solitária do meu céu!

POEMA

Eu vi o mar! Não este, mas outro!
Eu vi o mar – um mar escuro e sem redenção.
Eu vi o mar! As ondas como palavras inúteis
Se levantando!

Eu vi o mar!
Era um grande mar sem céus.
Um mar nu, de grandes braços!
Um mar de desespero, ora correndo,
Ora imóvel, num silêncio de túmulo aberto!

Eu vi o mar, o grande mar!
Meus olhos viajaram sobre as massas que se moviam!
Eu vi o mar!
Oh! era terrível como um amor sem perdão!
Eu vi o mar!
Tinha uma grande parecença com a morte.
Parecia o leito em que a morte descansa nas suas
                                      [noites.

Eu vi o mar!
Foi a Revelação da Morte.
Meu coração ficou suspenso.
Os meus olhos choraram!
Eu vi o mar sem céu!

DESTINO DA BELEZA

Quando o tempo desfaz as formas perecíveis,
Para onde vai, qual o destino da Beleza,
Que é a expressão da própria eternidade?

Na hora da libertação das formas,
Qual o destino da Beleza, que as formas puras realizaram?

Qual o destino do que é eterno,
Mas está configurado no efêmero,
No momento inexorável da purificação?

A Beleza não morre.
Não importa que o seu caminho
Seja visitado pela destruição, que é a própria lei
E pelas sombras.

A Beleza não morre.
Deus recolhe as flores que o tempo desfolha;
Deus recolhe a música das fisionomias que o tempo
                             [escurece e silencia;
Deus recolhe o que venceu as substâncias frágeis
E realizou o milagre do Espírito Impassível
No movimento e na matéria.
Deus recolhe a Beleza como o corpo absorve a sua
                             [sombra
Na hora em que a luz realiza o seu destino de unidade
                             [e pureza

GRANDE AZUL, CLAROS CÉUS!

Grande azul, claros céus!
Flores rubras ao sol!
Flores morenas, mornas, deslumbradas!
Harmonia das árvores crescendo.
Corpos flexíveis sobre as águas,
Corpos flexíveis sobre as relvas.
Dança!
Abrindo novos caminhos, ritmos desconhecidos!
O amor elástico e eterno sobre o esplendor matinal.
Música eterna dos efêmeros sorrisos.
Graça de Deus no Amor fecundo.
Laços de fita azul nos cabelos castanhos!

HISTÓRIA DA BORBOLETA BRANCA

Eu queria cantar a borboleta branca,
A misteriosa dançarina
Que eu vi, palpitante e estranha,
Na manhã estival.

Eu queria cantar a borboleta branca
Que eu vi, inquieta,
Na orla da montanha áspera,
Lutando e vivendo.

Era uma flor. Era uma pétala de rosa,
Leve e branca.
Era uma flor, mas viva e trágica,
Em luta com o mundo.

Na estrada, sob o sol extremo e inflexível,
As árvores pacientes
Esperavam a distante consolação da noite,
Da noite libertadora.

Mas a borboleta branca vivia a sua hora única,
E era como um espírito,
E era como um pensamento claro
Surgido da terra.

Vendo-a dançar, inquieta e muito branca,
Na ardente manhã,
Lembrei-me de que a noite triste e inevitável
A encontraria em pouco morta.

Lembrei-me de que as sombras a surpreenderiam
– Com as suas frágeis asas,
Que se agitaram nos céus azuis como velas no mar,
Machucadas e escuras.

Lembrei-me de que a noite a encontraria exausta
                              [e desmaiada
– À dançarina flor branca,
Virgem louca, que o amor do sol violentamente
Destruiu e perdeu.

No entanto a borboleta branca era um claro pensamento,
Era uma ideia inocente
Perdida entre as coisas rudes e ásperas,
Na manhã luminosa.

A borboleta branca era a vida, era a frágil vida,
Na sua efêmera plenitude.
Vendo-a, meu coração sofreu a compreensão dos
                              [destinos delicados
Das lágrimas e da poesia!

Vendo-a, senti a luta misteriosa do que é branco
                              [e eterno
Com o que é, no tempo,
Duração e força, escuro e resistência.
Limitação e certeza.

A montanha e as árvores pareciam não existir.
A borboleta branca dançava,
E era a poesia e o eterno espírito da vida,
Na sua mais clara e efêmera imagem.

CANTO DA LOUCA

Sou como um jardim noturno.
Os ventos bruscos visitam-me.
Os meus rosais estão perdidos.
As rosas, ainda em botão,
Foram arrancadas pela mão do vento.

Sou como um jardim noturno.
A terra dos meus canteiros foi revolvida.
As flores estão decepadas no chão.
A noite está suspensa sobre mim,
Como um véu de desespero.

Sou como um jardim noturno.
Meus perfumes, as almas das minhas flores,
Das minhas pobres flores mártires,
Estão sendo roubados pelo vento.
O vento está roubando os meus perfumes.

Sou como um jardim noturno.
A lua – com o seu rosto de morta –
Caiu sobre as águas da piscina.
A lua cresceu, como um triste seio murcho,
Sobre a piscina, de águas geladas.

Sou como um jardim noturno.
O sol não virá esquentar minhas entranhas.
A noite, como um véu de desespero,
Ficará para sempre suspensa
Sobre o meu corpo misterioso.

Sou como um jardim noturno.
Os meus rosais, ah! os meus rosais!
Há um pássaro de voz desesperada
Que está cantando no meu peito,
Que está chorando as rosas mortas.

Sou como um jardim noturno.

POEMA

Era um grande pássaro. As asas estavam em cruz, abertas
[para os céus.
A morte, súbita, o teria precipitado nas areias molhadas.
Estaria de viagem, em demanda de outros céus mais
[frios!
Era um grande pássaro, que a morte asperamente
[dominara.
Era um grande e escuro pássaro, que o gelado e repentino
[vento sufocara.
Chovia na hora em que o contemplei.
Era alguma coisa de trágico,
Tão escuro, e tão misterioso, naquelo ermo.
Era alguma coisa de trágico. As asas, que os azuis
[queimaram,
Pareciam uma cruz aberta no úmido areal.
O grande bico aberto guardava um grito perdido e
[terrível.

SÃO RUÍDOS DE ORAÇÕES

São ruídos de orações. Talvez sons de vozes que estão
                          [cantando nos mares.
São ruídos de asas noturnas caindo sobre os campos.
São as vozes dos que estiveram nas igrejas e estão
                          [desaparecendo sob as lajes
                                [das velhas cidades.
São choros imemoriais, soterradas vozes recém-vindas
                         [do quieto silêncio da terra.

É possível que só eu, o debruçado sobre o sono imóvel,
                       [esteja pressentindo a coluna de
                            [sons que, atravessando
     [os limites do tempo e a diferença dos espaços,
                         [se encaminha ao meu encontro!

Só eu, o tímido, estou sentindo a vibração ainda vaga
                         [mas positivamente em crescendo.

Que me querem estas vozes? Por que não se dirigem
                     [a outro mais silencioso do que eu,
                     [mais quieto e livre do que eu?
Que me querem estas plangentes vozes de amor e de
                                   [esperança?
Estas não aplacadas vozes de sede e de paixão?
Que me querem estes sons que o vento gelado da morte
                           [conduz para o meu peito?

São variações humanas, são humanos os sentimentos de
 [que estas vozes são as expressões
 [pungentes e terríveis.

Abro as janelas e recebo as luzes da cidade na solenidade
 [noturna!
Penso nos mortos de todos os tempos, nos heróis
 [esquecidos, nos náufragos,
 [nos soldados de todos os tempos.
Penso nas massas humanas que tiveram olhos e cujos
 [corações foram rasgados pelos martírios,
E rios corações chagados pelo Amor Desconhecido!
Meu pensamento se dirige para os sepultados nos
 [conventos, para as velhas de
 [xale preto nas janelas,
Para as noivas enterradas com os ventres intatos e sem
 [fruto,
E para as que transmitiram as vidas em todos os tempos
 [do mundo, as vidas também em
 [seguida apagadas e sem traços.

Para que se ergueram do silêncio da terra e do nada
 [dos leitos exaltados pelo amor
 [inconsciente, e dos túmulos do amor, essas vidas
 [destinadas à desaparição?
Por que se formaram, meu Deus, esses corações do
 [ignorado mistério das gestações?
E esses corações em que a vida se perpetuou
 [no sofrimento e no desespero?

Por que a matéria adquiriu chama?

Apenas para que os ventres clamassem, para que os
 [limites maltratassem as imaginações
 [desgraçadas?
Por que se ergueram do imponderável desejo as formas
 [delicadas e belas,
As louras cabeças e os rostos de lírios que a mão da
 [morte crestou?
Por que se abismaram na terra primitiva e brutal os
 [grandes olhos divinos que choraram um dia,
Que se encheram das harmonias do céu,
Que assistiram às graves tristezas do crepúsculo
E ao canto triunfal de sangue e roxo das auroras
 [misteriosas?
Por que os braços se agarraram ao mundo para o balanço
 [das marchas recônditas,
Se todos os seres seriam obrigados ao naufrágio no
 [longo rio da morte?

*

Todas as vozes que me chegaram falaram assim, nessas
 [inquietas perguntas.
E nada mais foi possível ouvir, porque meu coração
 [silenciou de súbito e as luzes que
 [nele se continham se apagaram.

RETRATO DO DESCONHECIDO

Ele tinha uns ombros estreitos, e a sua voz era tímida,
Voz de um homem perdido no mundo,
Voz de quem foi abandonado pelas esperanças,
Voz que não manda nunca,
Voz que não pergunta,
Voz que não chama,
Voz de obediência e de resposta,
Voz de queixa, nascida das amarguras íntimas,
Dos sonhos desfeitos e das pobrezas escondidas.

Há vozes que aclaram o ser,
Macias ou ásperas, vozes de paixão e de domínio,
Vozes de sonho, de maldição e de doçura.

*

Os ombros eram estreitos,
Ombros humildes que não conhecem as horas de fogo
                          [do amor inconfundível
Ombros de quem não sabe caminhar,
Ombros de quem não desdenha nem luta,
Ombros de pobre, de quem se esconde,
Ombros tristes como os cabelos de uma criança morta.
Ombros sem sol, sem força, ombros tímidos,
De quem teme a estrada e o destino,
De quem não triunfará na luta inútil do mundo;
Ombros nascidos para o descanso das tábuas de um
                                   [caixão,

Ombros de quem é sempre um Desconhecido,
De quem não tem casa, nem Natal, nem festas;
Ombros de reza de condenado,
E de quem ama, na tristeza, a sombra das madrugadas;
Ombros cuja contemplação provoca as últimas lágrimas.

*

Os seus pés e as suas mãos acompanhavam os ombros
                              [num mesmo ritmo.
Mãos sem luz, mãos que levam à boca o alimento sem
                              [substância,
Mãos acostumadas aos trabalhos indolentes,
Mãos sem alegria e sem o martírio do trabalho,
Mãos que nunca afagaram uma criança,
Mãos que nunca semearam,
Mãos que não colheram uma flor.
Os pés, iguais às mãos
– Pés sem energia e sem direção,
Pés de indeciso, pés que procuram as sombras e o
                              [esquecimento,
Pés que não brincaram, pés que não correram.

*

No entanto os olhos eram olhos diferentes.
Não direi, não terei a delicadeza precisa na expressão
                              [para traduzir o seu olhar.
Não saberei dizer da doçura e da infância daqueles olhos,
Em que havia hinos matinais e uma inocência, uma
            [tranquilidade, um repouso de mãos maternas.
Não poderei descrever aquele olhar,
Em que a Poesia estava dormindo,
Em que a inocência se confundia com a santidade.

Não poderei dizer a música daquele olhar que me
                    [surpreendeu um dia,
E que me trouxe de repente os dias mortos,
Que se abriram diante de mim como um abrigo,
Em que me descobri como outrora,
Livre e limpo, como no princípio do mundo,
Envolvido na suavidade dos primeiros balanços,
Sentindo o perfume e o canto das horas primeiras!
Não direi do seu olhar!
Não direi da sua expressão de repouso!
Ainda não sei se era d'Ele esse olhar,
Ou se nasceu de mim mesmo, num rápido instante de
                    [paz e de libertação!

NASCIMENTO DO SONO

Do fundo do céu virá o sono.
O sono virá crescendo pelos espaços,
O sono virá pela terra caminhando,
E surpreenderá os passarinhos cansados
E as flores, os peixes e os velhos homens.

O sono virá do céu e escorregará,
Se encorpando, nos vales abandonados.
O sono virá macio e terrível,
E suas mãos gelarão as águas dos rios
E as pétalas das rosas.
Suas mãos despirão as roupas das árvores
E o corpo dos pequeninos.

Do fundo do céu virá o sono;
E das gargantas de todos partirá um grito sem som,
E tudo adormecerá,
As cabeças voltadas para o abismo.

PELAS LARGAS JANELAS
ENTRA A NOITE

Pelas largas janelas entra a noite quieta e um cheiro de
[frutos maduros.
Pelas janelas abertas chega até nós um perfume frio
[de estrelas.
Pelas janelas abertas penetra a mansa poesia dos
[caminhos, das viagens noturnas com
[pássaros dormindo nas ramadas...

Oh! o sossego do lampião na mesa tosca,
E o sorriso do amor sobre os postais da parede!

Onde a música não chega, aí estaremos.
Onde o repouso se estender nascendo pelas madrugadas,
[aí estaremos.
Estaremos confundidos pelos ramos virginais e pela
[nudez das campinas.
Estaremos misturados com os passarinhos das cercas.
Os ruídos dos trens cortarão nossos ouvidos.
Mas as nostalgias não estarão mais em nós,
Porque seremos simples como a noite,
Como a grande noite resinosa e infinita.

AS ROSAS ESTÃO QUASE MORTAS

As rosas estão quase mortas.
As rosas estão voltadas para o mar.
As rosas estão silenciosas,
Perdidas na noite.

As rosas estão morrendo.
Ainda há pouco eu as olhei:
Viviam plenas e felizes.
Mas agora estão morrendo.

Há nas rosas, que estão morrendo,
Um silêncio infinito.
Poderíamos dizer que a sombra
Envolveu as rosas.

As rosas estão perdidas na noite.
O silêncio infinito pousou nas rosas,
E é o orvalho da morte.
As rosas estão abandonadas.

Senhor, as rosas conheceram a aurora
E acordaram com o mundo.
Eu ainda as conheci meninas,
Indecisas ainda nos pequenos botões!

A TRISTEZA DA TARDE

A tristeza da tarde é leve e alta.
Vem da cidade, e sobe ao ar como fumaça.
A tristeza da tarde envolve as árvores delicadas,
Envolve jardins crepusculares.
A tristeza da tarde vem das agonias diárias,
Dos pequeninos doentes, dos amorosos infelizes, das
                        [lágrimas dos pobres.

A tristeza da tarde vem das grandes partidas,
Dos soluços de adeus, para as viagens e para as
                        [incompreensões.
Olho a tristeza da tarde caminhar pelo espaço.
Invadirá os quartos dos que vão morrer, se debruçará
                        [sobre os berços,
E iluminará a alma de todos os poetas!

CICLO DE JOSEFINA

ENCONTRO DE JOSEFINA

Trazei-me, horas passadas, tão vividas,
Essa imagem que em vão o tempo esconde!
Trazei-me, ó débil vento da lembrança,
Esse perfume que em meu ser penetra

E muda o que já foi em vivo tempo.
Trazei-me, antigas vozes, que em silêncio
Vos transformastes, pela dura lei,
Trazei-me a sua voz estranha e doce.

Era o mar. Era a tarde. Eram errantes
Pássaros a buscar os rudes ninhos
Entre os negros e aspérrimos penhascos.

Era o princípio de uma grande viagem.
O seu rosto era o Sonho, e eu vi o Sonho
Desmaiado de amor, nos braços meus!

LEMBRANÇA DA ESQUECIDA

E esta ideia de que Josefina está abandonada,
E esta ideia de que nos esquecemos dela,
E essa ideia de que Josefina está intacta,
Com as suas brancas e pequeninas mãos ainda puras
Dos ásperos contatos,
Com os seus pequenos seios em flor ainda intocados...

E esta ideia de que Josefina está adormecida
Naquela mesma fria noite de outrora,
Quando recebíamos, com os noturnos ventos,
O perfume das árvores resinosas...

E esta ideia de Josefina dormindo,
Com os seus pequenos pés escondidos do frio,
Com os seus doces olhos brincando nos jardins do Sonho...

E esta ideia de Josefina, que esquecemos,
Nos ilumina e nos enternece.

Josefina é a nossa pátria.
Vem dela as auras encantadas,
Vem dela os sorrisos e as flores.

Ah! nós a encontraremos de novo,
Na hora em que as coisas forem verdadeiras,
Na hora em que a aurora abraçar as terras distantes,
                    [noturnas e tristes!

PERDIÇÃO DE JOSEFINA

Eu vi o lírio debruçado sobre a escura terra.
Eu vi o lírio manchado e murcho.
Eu vi o lírio perdido para mim e perdido para os tempos!
E senti no coração as mágoas das grandes culpas.

Por que não salvamos Josefina, Senhor?
Por que deixamos a perdida filha da noite
Abandonada às míseras prisões cotidianas?
Por que não salvamos aquela que era a Graça e cantava?
Por que não a violentamos com o nosso ímpeto,
E por que a deixamos brincando na sua inconsciência?

Hoje, será a presa das coisas baças e melancólicas
No entanto, foi um sorriso, foi um instante de frescura
                                              [e repouso,
Uma sombra de velhas árvores,
Um inquieto regato.
Hoje está no triste caminho das renúncias
– E foi o Sonho, e tinha as mãos frias e os pés pequenos
                                              [e leves,
Era uma Graça morena, era a presença do Amor, era a
                                              [rosa mal nascida.

Um dia nos convidou para a fuga,
E sentimos que os ventos da noite falavam pela sua
                                              [voz inocente,

Sentimos que era a própria fantasia que palpitava
Nos seus seios virginais!

Ah! perdida Josefina!

Senhor! tudo isso não é mais;
Tudo isso está escondido, e mal podemos lembrar o
[que foi um dia.
Hoje nos poderemos debruçar sobre a que foi Josefina!
Seu destino foi mais triste que o das flores que a
[tempestade sufocou.
Seu destino foi mais triste que o dos passarinhos mortos
[ainda implumes!
Josefina, Senhor, é a serva das coisas mais pobres e
[feias!

LAMENTAÇÃO SOBRE JOSEFINA

Vamos, amigo, vamos, companheiro,
Vamos chorar a leve Josefina.
Vamos, amigo meu, chorar aquela
Que foi a ingênua nuvem branca
Em escuros céus!
Vamos, amigo, vamos lavá-la
Em nossas lágrimas!

Era branca, era pura, era alegre!
Um dia, sorriu-nos.
Lembras-te? Era no inverno.
Ouvíamos os ventos que brigavam
Nas escuras florestas.
Sentíamos em nós os grandes esquecimentos.
Éramos seres abandonados da alegria!
Os nossos olhares não tinham mais o brilho dos que
                                     [esperam.
Estávamos perdidos no tédio.
Trazíamos conosco o peso das nossas longas mocidades.

Foi então que Josefina surgiu!
Era a pequena flor, era a pequena alegria, era a vida
                [que nos era de súbito restituída!
Ouvimos os sons da sua humilde música, da jovem
                      [música de Josefina!

Josefina não se lembra mais de si mesma!
Seu corpo é uma pobre casa perdida e escura.
Chorar Josefina é chorar sobre nós mesmos
E sentir a dura existência,
Inflexível aos nossos anseios e aos nossos sonhos!

JOSEFINA NO CORAÇÃO DAS FOGUEIRAS

Junho virá de novo!
Sentiremos as úmidas estrelas
Nos mesmos céus de outrora.

Junho virá de novo!
E de novo fixada no tempo,
Livre, pura e alta,

Surgirá a eterna Josefina,
Morena e simples, com a fronte límpida,
As flores inocentes nos cabelos,

Tal como o Amor a configurou,
Tal como se revelou à poesia,
Na sua humilde hora de glória.

Junho virá de novo!
Fogueiras ardendo, vozes macias!
Veremos de novo, nos céus em flor, a fuga das estrelas.

Teremos de novo nas nossas mãos
As frias e delicadas mãos de Josefina,
Tal como aconteceu no morto tempo.

Teremos de novo pousada em nosso peito
A cabeça gentil de Josefina,
Num gesto manso de abandono.

Num gesto de pássaro cansado,
A cabeça gentil de Josefina pousará de novo
Junto ao nosso coração pacificado,

Tal como aconteceu na hora perdida,
Na hora em que a dança envolveu o tempo morto.
Junho virá de novo!

Josefina voltará com os primeiros frios de junho!
No coração das fogueiras a fisionomia de Josefina nos
[sorrirá.
Ela não será efêmera como as flores e a pobre mocidade.

Josefina virá de novo, na hora de liberdade e
[transfiguração.
O Sonho a trará adormecida no seus longos braços,
Com as sandálias balançando nos pequenos pés morenos,

Com as flores simples nos cabelos,
Tal como o Amor a fixou para sempre.
Junho trará de novo Josefina!*

---

* Fim do Ciclo de Josefina (NO)

SONETO

Nesta noite os ventos correm sobre o mar.
Ouço o áspero ruído das ondas, ouço o ruído
Bravio do mar, em ríspida contenda,
E, olhando os céus, não vejo estrelas.

A natureza é toda crispação e violência.
Da mundo, das coisas todas que nos cercam,
Fugiu a doçura, que antes se mostrava
No céu azul, no mar que em prece parecia.

E o sono não virá, para esse desespero?
E o sono não virá, para essa insônia extrema
E elementar, para essa luta inútil?

Ouço o rude guiar dos ventos em tropel,
Contemplo o escuro céu, plúmbeo, terrível,
E espero o sono, o doce amigo ausente.

A FESTA HUMILDE

As moças que levavam o pequenino caixão azul
Pareciam caminhar para uma festa.
A tarde estava macia e clara;
Passarinhos brincavam nas árvores.

Um doce silêncio descia dos límpidos céus.
As moças que seguiam o anjinho morto,
No seu último passeio pela grande estrada,
Traziam flores silvestres, flores humildes das
[quaresmeiras,

Rosas pequenas, flores para alegrar ainda mais o
[enterro pobre,
Flores para que não ficasse triste na sua primeira noite
[no fundo da terra
O que na manhã Deus chamou para a felicidade do céu.

A natureza estava na hora da sua plenitude.
Um vento feliz trazia frescura e perfume das florestas.
E o caixãozinho azul era uma nota alegre, apenas, na
[longa estrada vermelha.

SONETO

Eu queria dar a expressão da beleza,
Eu queria dar a expressão da poesia
Que as almas que não sabem falar
Recebem e guardam para sempre.

Eu queria dizer o que uma paisagem
Despertou num espírito cujo destino, morrendo, é o
[silêncio.
Eu queria traduzir os ritmos das almas pobres
De expressão, mas cheias de musicalidade.

Eu queria ser o poeta das coisas mais simples,
Eu queria ser o poeta das coisas mais rudimentares,
Das coisas que as almas mais simples podem alcançar.

Eu queria aquecer com o meu canto ingênuo
Os corações em que o Espírito é mais esquivo,
Os corações abandonados pela poesia e pelo sol.

SONETO

Nada ficou em mim do tempo extinto:
As tristezas de outrora, as inquietas esperas,
Fugiram com a alvorada que surgia
Nos plúmbeos céus, escuros, sufocados.

Nada ficou em mim do velho tempo:
As paisagens que eu vi, os seres, tudo
Mergulhou no esquecido mar sem termo,
Onde o silêncio é a lei única e certa.

Bem sei que o Amor de outrora é também sombra.
Bem sei que a luz de um sol que é a própria vida
Não virá nunca mais salvar das trevas

O que se foi e em poeira está mudado.
Bem sei que as vozes que ouço e esse perfume
Que sinto, do passado – é sonho apenas.

MAR

Quero sentir o grande mar, violento e puro.
Quero sentir o mar noturno e enorme.
Quero sentir o silêncio, o áspero silêncio do mar!
Quero sentir o mar! Quero viver o mar!

Quero receber em mim o grande e escuro mar!
Não o mar-caminho, mas o mar-destino,
O mar, fim de todas as coisas,
O mar, túmulo fechado para o tempo.

Quero o mar! O mar primitivo e antigo,
O mar virgem, despovoado de imagens e de lendas,
O mar sem náufragos e sem história.

Quero o mar, o mar purificado e eterno,
O mar das horas iniciais, o mar primeiro
Espelho do Espírito de Deus, rude e terrível!

ROSAS

Frágeis filhas da Aurora e do Mistério,
Rosas que despertais virgens e frescas,
Sorrindo entre os espinhos e as folhagens,
Nos roseirais sadios e viçosos.

Rosas débeis, que os ventos assassinam,
Sois a forma e a expressão do próprio efêmero.
Na luta natural incerta e cega.
Sois o instante de Pausa e Sutileza.

Rosas que as mãos da noite despetalam,
Sois o triunfo do Amor e da hormonia
Sois a imagem tranquila da Beleza.

Rosas que alimentais meu olhar enfermo,
Rosas, vós sois da terra humilde e escura
Um gesto puro, um alto pensamento!

*MAR DESCONHECIDO
(1942)*

MAR DESCONHECIDO

Sinto viver em mim um mar ignoto,
E ouço, nas horas calmas e serenas,
As águas que murmuram, como em prece,
Estranhas orações intraduzíveis.

Ouço, também, do mar desconhecido,
Nos instantes inquietos e terríveis,
Dos ventos o guaiar desesperado
E os soluços das ondas agoniadas.

Sinto viver em mim um mar de sombras,
Mas tão rico de vida e de harmonias,
Que dele sei nascer a misteriosa

Música, que se espalha nos meus versos,
Essa música errante como os ventos,
Cujas asas no mar geram tormentas.

SONETO DO OUTONO

É o princípio do outono... Quantas flores
Já vi murchar, e quantos verdes frutos
Não vi, depois, na terra apodrecendo,
Derrubados dos galhos pelos ventos!

É o princípio do outono... E as musas claras,
Que brincavam ao sol nuas e puras
E cantavam de amor e de alegria,
Foram graves e quietas se tornando.

E hoje, se ainda as ouço, é em despedida,
Pois lá se vão na estrada caminhando
De mãos dadas e para não tornar.

Pelas minhas janelas dentro em pouco
Verei chegar a doce luz do outono.
E minha alma estará, enfim, madura.

MEUS AVÓS PORTUGUESES

Meus avós portugueses no meu sangue
Estão falando há muito, e é assim somente
Que, por vezes, as vozes de outros sangues
Não se fazem ouvir e não comandam.

Meus avós portugueses são teimosos
E procuram vencer-me transformando
Essas minhas volúpias de erradio,
De vagamundo, em nobres sentimentos.

Querem-me esses avós, do Minho e Douro,
Um ser capaz de amar a terra à antiga,
E nesse amor construir toda uma vida;

Querem-me um crente em Deus e um fiel exemplo
De constância no amor: e, é certo, às vezes,
Isto acontece, mas somente às vezes.

A POESIA CHEGOU

Ó demônios que em mim tendes guarida,
Ó abismos escuros e traiçoeiros,
Que me chamais e que me seduzis:
Vede, aqui estou perdido na Poesia!

Vede, mal não chegou, e nela eu fico,
Como o ser natural nos seus domínios,
Como o pássaro no ar e os peixes nágua,
Como o ente amoroso em seus amores.

Vede, a Poesia em mim, me transfigura,
E vós, tredos abismos e demônios,
Vosso poder perdeis, de vós me aparto.

E o que tanto a minha alma seduzia,
Nada mais pode, nada mais encanta,
Quando a Poesia vem e me reclama.

SONETOS A JOSEFINA

1

DESTINO DE JOSEFINA

Sua cabeça, como um fruto novo,
Sua cabeça, flor tão fresca ainda,
Sua cabeça fina e frágil
Rolará como a água das cachoeiras.

Rolará para a noite sem estrelas.
Ouviremos um ruído seco e surdo,
Ouviremos um ruído de repente,
E o silêncio virá mais duro ainda.

Josefina gentil, morta e perdida
Mergulhará na treva o corpo branco,
O corpo matinal, tão puro e casto.

Josefina gentil será chorada
Pelos ventos noturnos, pelas sombras,
Pelas árvores e águas da floresta!

2

JOSEFINA NO JARDIM

Entre as flores eu vi, sorrindo, um dia,
Entre os lírios e as alvas açucenas,
Essa frágil e fina flor morena,
Essa estranha e travessa Josefina.

Era na hora incerta do crepúsculo,
E o deserto jardim arfava ainda
Do amor de um sol abrasador, terrível.
– Era na hora vaga do crepúsculo!

Não foi sonho, meu Deus, não foi sonhando...
Ela estava entre as flores escondida,
E eu a vi a sorrir dentre a folhagem...

Foi o vento que veio, de repente,
Foi o vento da tarde inquieto e errante
Que afastou para longe a doce imagem...

3

Por que chegaste, em hora assim tardonha,
Josefina gentil, filha do Oriente,
De olhar velado? Por que vieste quando
Da tarde as frias luzes se apagavam?

Por que vieste num tempo só possível
Para os adeuses e os sorrisos tristes,
Para as aspirações mansas e quietas,
Se eras o próprio fim, o abismo e a noite?

Por que te achei, tão só, depois das preces,
Na hora em que as rosas nos rosais, perdidas,
Deixam murchar as pétalas cansadas?

Por -que te achei, tão só, quando teus olhos
Não mais encontrarão nos meus a flama
Capaz de iluminar do amor a Noite?

4

Nos jardins do passado, Josefina
Vai colhendo miosótis e verbenas,
E o seu corpo de pássaro se agita
Como ao sopro do vento a leve pluma.

Nos rosais ilusórios, renascidas,
As rosas da lembrança seus perfumes
Vão dispersando pelos ares finos,
Enquanto as doces águas vão correndo.

A natureza delicada e simples
Está tocada de uma graça etérea.
Brilha no céu da tarde a estrela Vésper.

Nesse quadro, porém, quanta tristeza!
Josefina só em mim palpita e vive,
E quando a vou tocar, se esvai na bruma.

JOSEFINA NO INVERNO

Nestes dias lúcidos,
Nestes dias suaves,
Nestas noites fundas,
Nestas noites graves,
Nestas horas tristes
Que correndo vão,

Nestas horas vagas
De incerteza e tédio,
Nestas horas raras
De silêncio e exílio,
Josefina vive, Josefina vibra.

Josefina sente, Josefina sonha.
Josefina é a rosa
Deste tempo longo, deste
Tempo frio, que passando vai.

Josefina é a aurora desta velha noite.
Josefina é um rio que o silêncio tange,
Com o seu canto doce,
Na paisagem erma.

Josefina é a bruma,
Josefina é a imagem
Da manhã nascendo, da manhã nevoenta,
Da manhã de inverno
Nas cidades mansas, nas cidades vagas.

Josefina é o Inverno:
Suas mãos são finas,
Suas mãos são frias,
Suas mãos são longas
Como as aves raras,
As pernaltas aves,
Nos beirais cinzentos.

Josefina é esguia
Como as nuas árvores
Que os gelados ventos
Com suas mãos de sombra
Desgrenharam todas,
Desnudaram todas!

Josefina é o Inverno,
Josefina é o sono
Numa noite fria!

ELEGIA

Tua beleza incendiará os navios no mar.
Tua beleza incendiará as florestas.
Tua beleza tem um gosto de morte.
Tua beleza tem uma tristeza de aurora.

Tua beleza é uma beleza de escrava.
Nasceste para as grandes horas de glória,
E o teu corpo nos levará ao desespero.

Tua beleza é uma beleza de rainha.
Dos teus gestos simples, da tua incrível pobreza,
É que nasce essa graça
Que te envolve e é o teu mistério.

Tua beleza incendiará florestas e navios.
Nasceste para a glória e para as tristes experiências,
Ó flor de águas geladas,
Lírio dos frios vales,
Estrela Vésper.

Nasceste para o amor:
E os teus olhos não conhecerão as alegrias,
E os teus olhos conhecerão as lágrimas sem consolo.
Tua beleza é uma luz sobre corpos nus,
É a luz da aurora sobre um corpo frio,

De ti é que nasce esse sopro misterioso
Que faz estremecer as rosas
E arrepia as águas quietas dos lagos.

Incendiarei florestas, incendiarei os navios no mar,
Para que a tua beleza se revele
Na noite, transfigurada!

OUVIREMOS A VOZ DO OUTONO...

Compreenderemos, de súbito, que existem
Flores mortas
E que existem flores que vão surgir
No fim desta noite, quando a branca aurora
Se debruçar sobre a terra.

Compreenderemos o mistério dos frutos,
Sentiremos a palpitação dos pássaros
Abrigados nas árvores.

Sentiremos os corações dos que morreram jovens,
Os corações que levaram para a Morte a plenitude
[do amor irrealizado.

Ouviremos canções vindas de portos distantes,
Canções de desespero e de esperança.
Ouviremos crescer a voz de um mar desconhecido.
Estrelas crescerão nos céus vazios, de súbito, num
[florescimento milagroso.

Teremos a revelação da humildade.
O coração das crianças se abrirá para nós.
A vida será plena, como a tua beleza.
Paisagens entrevistas nos nossos sonhos
Nos surgirão, de repente.

Ouviremos a voz do Outono.
Ouviremos a voz dos sinos.
Sentiremos a alegria das lágrimas
Que o vento levará nas suas grandes asas
Para orvalhar as flores que morreram.
Sentiremos a vida, que é efêmera e eterna,
E participaremos de tudo e de todas as coisas
Quando vier a Poesia e as suas mãos afagarem
Os nossos olhos, os nossos olhos vazios.

POEMA INACABADO

E o deserto sorriu em flores e verdura,
E em lugar do grande vento, com os seus gestos ásperos,
Do grande vento que levantava a areia dos desertos,
Em lugar do vento áspero, com a sua voz de desespero,

O seu riso impiedoso e as suas mãos violentas e
                                           [vermelhas,
Em lugar do vento destruidor,
Chegaram agora apenas os ventos frágeis das montanhas,
Mágicos e leves como o espírito dos ninhos,

Cheios de carícias,
Trazendo flocos de seda nas suas ágeis asas,
Perfumes de frutos macios
E a alma dos lagos tranquilos, das selvas e das florestas
                                           [fecundas...

CÂNTICOS PARA OS ADOLESCENTES

Como fixar-vos,
        Ó adolescentes,
Almas inquietas, naves de sonho
Por mares longos não navegados,
Por tristes mares não navegáveis?

Como fixar-vos, ó adolescentes,
Que percorreis esses caminhos,
Que a aurora acende de luzes raras
E a noite certa surpreenderá?

Como fixar-vos, ó adolescentes,
Senão olhando nas águas fundas
De antigamente
Meu rosto triste, meu próprio rosto?

Como fixar-vos, ó adolescentes,
Que na vertigem dos sofrimentos,
Pelas estradas, pelos caminhos,
Levais enganos, tantos enganos
Que a vida a cinzas reduzirá?

Adolescentes de almas cansadas,
Que antes da ardente, dura jornada,
Quereis repouso, quereis um pouso
Para dormir;

Adolescentes, embriagados
Pelos sentidos,
Pelos sorrisos, pelos martírios:
A vida é triste mas é melhor
Do que pensais.

A vida é triste,
Mas são mais tristes vossos enganos
E as esperanças que conduzis,
Adolescentes, já tão cansados
De não viver.

As namoradas, essas esquivas
Flores abertas há pouco ainda,
As namoradas, decerto, em breve,
Com seus sorrisos inexplicáveis,
Ensinarão
Que o amor é chama que dura pouco,
Que o amor é espinho que fere muito.

Mas mesmo assim, na vida breve,
As cicatrizes que o amor deixar
Serão estrelas na escura noite,
Serão as luzes da triste noite
Que todo homem tem de encontrar.

Adolescentes, fui um de vós.
Tão mal julgado nos meus desejos,
Tão sequioso de amor também.
Adolescentes, de frio olhar,
Nada é tão duro como a esperança,
Nada é tão duro como esperar

Que o sonho murche na alma enganada,
Que a rosa murche no seu jardim.

Toda a poesia da adolescência
Em mim um dia senti também,
Ó noites velhas de insônia e medo,
Noites de outrora, como ao lembrar-vos,
Mesmo ainda agora,
Sinto apertar-se-me o coração!

Trens apitando, fugindo, errando,
Na solitude das ermas noites,
Lá onde as serras, as grandes serras,
Mal principiam:
Eu ouço ainda vossos apelos
Para as distâncias na noite escura,
Vossas chamadas, vossos convites
Para as partidas, para as distâncias.

Mares revoltos da adolescência,
Revejo as vossas raivosas ondas;
Ah quantas naves não soçobraram
Nas grandes fugas dos sem destino!
Ah quantos náufragos, mares de outrora,
Dormem o sono lá nos abismos
De onde ninguém voltará mais!

Adolescentes, passai cantando,
A vida é dura, cantai, sofrei,
Nada no mundo sei mais terrível
Que a vossa idade, que vossos sonhos,
Adolescentes que a morte breve
Tocou, fixando na mocidade.

Vóis sois de todos os mais ditosos.
Pois a Poesia dorme convosco,
No mesmo leito, no mesmo sono,
Na mesma aurora que não se acaba.

POEMA DO PESCADOR

Da minha janela alta
Posso olhar o mar de perto
Posso ouvir o seu canto eterno,
Seu canto amargo e constante.

Posso olhar o mar noturno
Da minha janela alta
E acompanhar a passagem
De um pobre barco de pesca
Que torna da lide diária.

Posso seguir pela estrada,
Estrada de escuras águas,
A luz que ilumina o barco,
O barco do pescador.

Posso mesmo, por milagre,
Da minha janela alta,
Sentir pousados nas águas
Os olhos verde-escuros,
Os olhos do pescador.

Posso mesmo, por milagre,
Da minha janela alta,
Debruçado sobre o mar,
Ouvir por entre os anseios

E os ruídos tristes das ondas,
Ouvir bater sossegado,
Com o seu ritmo sereno,
O coração do pescador.

Posso ver as mãos calosas
Dos remos e dos trabalhos;
Posso olhar o rosto calmo,
A pele escura e curtida
Dos sóis e das maresias;
Posso ver o peito largo
Que os ventos fortes afagam,
Da minha janela alta
Debruçada sobre as águas
Posso mesmo lhe falar,
E um dia direi assim:
– "Pescador que tanto pescas
Nos mares dias inteiros;
Pescador que estás passando,
Com a tua lanterna acesa,
Devagar, em frente à minha
Janela perto do mar;

Pescador que tanto pescas
Nos mares calmos ou crespos
Das ondas rudes e agressivas;
Pescador que vejo sempre
Da minha janela alta
– Por que não pescas um dia,
Por que não trazes um dia,
Misturada com os teus peixes,
Deitada sobre as tuas redes,
No fundo do barco teu,

O corpo da minha Náufraga,
Da que há tanto vive ausente,
Nua no fundo do mar,
Da que anda há tanto dormindo
No berço móvel das ondas
A brincar com os peixes claros;
Da que passeia no abismo
Toda enfeitada de flores,
De frias flores que nascem
E vivem tão só no mar;
Da que repousa cansada
Dos seus estranhos passeios,
Perto dos barcos vermelhos
Onde dormem os corais?

Pescador, por que não pescas
O corpo da minha Amada,
Daquela doida donzela
Que aos fundos mares desceu?
Pescador, por que não trazes
No teu pobre e velho barco
Aquela flor de naufrágio
Que aos céus dos mares desceu
Cantando como uma louca,
Tendo nos olhos um riso
Todo molhado de lágrimas?

Pescador, por que não pescas
Essa por quem sempre espero
Na minha janela alta
Debruçada sobre o mar?
Pescador, se a não trouxeres,
Essa por quem desespero,

Um dia, já bem cansado,
Irei procurá-la eu mesmo.

Pescador, meu corpo é grande,
Pescador, meu peso é muito,
Não poderás me pescar.
– Antes melhor recolhesses
A Doida que anda nas águas,
De flores frias ornada,
A Doida que anda no mar".

FONTE INVISÍVEL
(1949)

ARS POÉTICA

Enquanto procuravam conceituar a poesia
E velavam sua face
Com palavras perfeitas,
Enquanto marcavam com sinais agudos
As fronteiras do domínio poético,
Enquanto a inteligência perseguia o mistério –
Veio descendo a tarde
E uma doçura mortal
Envolveu a rua e o mundo.
No céu quase roxo,
No céu incerto e delicado,
Asas escuras fugiam
Do noturno próximo
E, subitamente, sinos
Soluçaram.

QUERO IR AO FUNDO DAS COISAS...

Quero ir ao fundo das coisas;
Ao fundo do mar, ao berço das águas tranquilas,
Das águas novas e puras,
Livres das agitações dos ventos.

Quero ir ao fundo da terra
Onde repousam os mares pálidos,
Os mares que não conhecem o sol.
Quero ir ao escuro seio da terra
E sentir a origem e a paz
Do que está livre e isento
Do ruído, da luz e os bruscos movimentos.

Quero ir ao fundo das coisas
E recolher o silêncio, a gota pura do silêncio,
Em que se guarda e contém,
O eco da voz de Deus!

Quero ir ao fundo do amor.
Descer ao fundo do amor,
E descobrir as raízes simples
Do misterioso, do numeroso amor.
E trazer o que há de belo e de puro,
No mais áspero, no mais trágico
No mais terrível amor.

Quero ir ao fundo do homem,
Descer ao fundo do homem.
E ver as paisagens e os céus,
E a música e as flores
Da infância.
E sentir na máscara do homem
O grave sorriso da infância.

Quero ir ao fundo do tempo
Surpreender os primeiros ninhos,
Nas árvores novas do paraíso
Ouvir o primeiro diálogo
Quando a voz humana nasceu
E realizou o seu voo inicial.
Quero ir ao fundo do tempo
E realizar as primeiras relações
Os primeiros encontros entre os homens.
E olhar o amor ainda novo,

Secreto e cheio do misterioso perfume
Que a presença do Espírito
Fez penetrar no seu corpo.

O PÁSSARO BRANCO

Depois de adormecido longo tempo
O Pássaro Branco desperta e abre as asas
Como pálpebras no escuro.

É o Pássaro Branco,
O mesmo que o meu olhar aprisionara
Na viagem remota.
Voava no fim do outono
Numa fria tarde.
Revejo-me diante de um mar brusco e verde.
Eu era, então, um homem livre
E lembranças confusas apenas
Nasciam de outras vidas não vividas.

O Pássaro Branco, depois de muitas travessias incertas,
Seguindo os navios que buscavam as doidas auroras,
Pousara em mim
E, no meu olhar de pântano,
O seu corpo exausto e úmido se prendera.
Julguei-o morto e sepultado com outras imagens em mim.
Mas, eis que desperta
E, no escuro, distende as asas
E parece preparar-se para novas fugas
No rumo de geladas terras!

POEMA

Desejo de escrever um poema
Diferente. Um poema para respirar.
Um poema com uma rosa molhada,
Com uma paisagem cheia de bruma.
Um poema que me liberte do mundo
Em que vivo e que seja puro como o sono da
[infância.

Um poema que me faça respirar.
Um poema como não escreverei jamais.
Um poema que resista ao tempo
E que não lembre a minha voz monótona.
Um poema que não foi escrito e que florescia,
Apenas, numa alma que Deus recolheu
Antes da frutificação.

A ÁRVORE

No seio da aurora,
Murcho e desbotado,
Não cantavam pássaros.
Sobre o corpo frio,
Se estendera leve
O lençol dos mortos.

Os ruídos primeiros,
Roucos e abafados,
Quebrar não podiam
O silêncio enorme,
Que subia lento
Da morte presente,
Da morte palpável,
Como um fruto antigo.

Não era tristeza,
Mas um pasmo inquieto
Que tudo invadira.

Não cantavam pássaros
Mas, madura e alegre,
Coberta de flores,
Feliz aos afagos
Dos ventos despertos,
A árvore apenas

Não participava
Do funéreo tempo
E brincava doida,
Desgrenhada e bela,
Molhada de orvalho,
Coberta de flores.

EPIGRAMA I

Diante da janela aberta
Imóvel estavas.
Teus olhos vagavam por entre os rosais
[noturnos,
Ou procuravam as sombras
Dos que passaram outrora
E não voltarão mais.

ONDAS

As ondas do mar vêm dançando, vêm crescendo
E enfim de súbito desmaiam,
No leito branco.

São ondas mesmo ou bailarinas?
São ondas mesmo ou raparigas,
De corpos brancos e flexíveis?

São ondas mesmo ou flores claras,
No mar formadas e nascidas
E que a bailar se despetalam?

Olho-as de longe, crespas, sinuosas
Com as saias brancas e tufadas,
Em rodopios e volteios.

Olho-as de longe, são tão frescas,
À luz da lua sossegada,
À luz da lua sonolenta.

EPIGRAMA II

A noite cega
Rolou
Como um bálsamo.

E um perfume
Antigo de amor
Penetrou no ermo,
Ressuscitando formas
Longínquas.

POEMA DE GALAOR

Mar a fora, lá vão,
Pela noite, perdidos;
Quem são?

São os filhos do Amor,
Os heróis prometidos,
É a flor,
A Juventude
E a luz do mundo.

– Galaor, onde está
Tua espada de fogo?

– Minha espada
Eu a perdi,
No mar,
No fundo do mar,
Minha espada, hoje dorme
Nas areias do mar.

– Galaor, onde está
Tua flor de pureza?

– Minha flor de pureza
Eu a deixei cair
No fundo do mar.
No abismo do mar.

NOTURNO

Abrindo a janela deixo entrar a noite.
É uma noite tranquila,
Uma noite de repouso,
Uma noite sem inquietação.

Das árvores e da única estrela acesa
Se desprende, como um cheiro de terra,
O silêncio.

Há muito não me surpreendia uma
                          [noite assim
Tão submissa e simples,
Sem vozes nem fantasmas.

Um perfume de resedá
Vem manso impregnar
Os frios lençóis brancos.

SENTIMENTO DA MORTE

Serei só eu a sentir a lenta morte do mundo
Ou todos os seres humanos, que vivem comigo,
Estão penetrados também, como eu, deste sentimento
                            [confuso e terrível?
– Serei só eu, que estou debruçado sobre a morte do
                                      [mundo
E ninguém mais?

Serei só eu, que estou compreendendo,
Que estas luzes todas se apagarão em breve,
Que estes ruídos se amortecerão dentro em pouco,
E que a treva e o silêncio
Dominarão os sinais absurdos e incertos de vida,
Estes misteriosos sinais de vida
Que lutam uns instantes – e vão cessar, em breve, para
                                        [sempre!

A LUA DO LIMA

Que luz é essa
Que vem surgindo
Tão vagarosa?

Candeia acesa,
Rio dormindo,
Vinho maduro,
Parreiras novas,
Que luz é essa
Que vem nascendo
Tão vagarosa?

Ó doce Lima,
Que luz se molha
Nas águas tuas?

Candeia acesa
Na noite quente,
Rio do sonho,
Do esquecimento.

NOTURNO

Que silêncio na rua sossegada!
Um silêncio de sombra,
Um silêncio macio.
As plantas tremiam molhadas pelas grandes chuvas
As roseiras humildes se escondiam
Para dormir.

No coração da noite palpitava, porém, a tragédia,
                                       [o desespero.
E nos olhos alegres
O destino das lágrimas
Se ia formando lentamente.

ALEGRIA

Uma grande serenidade.
Tudo repousa em mim.
A poeira desceu.
A chuva caiu.
Os olhos fechados.
Os cabelos soltos.

As mãos tão caladas,
O canto sem gestos.
A rede na sombra,
A rosa madura,
Molhada, macia.
No mundo alegria!

Quietude, silêncio.
Que vinhos antigos,
Nas adegas frescas!
Que mulher tão jovem,
De gestos tranquilos,
De cabelos negros,
Em tranças, caídos.

Vem a brisa leve,
Dos jardins do sul,
Trazendo os perfumes,
Os óleos, os cheiros,
Das terras morenas.

Os sinos repicam,
Festivos agora,
Não mais pelos mortos,
Não mais pelos tristes,
Os sinos cantando,
Celebram noivados,
Noivados felizes!

E as horas sorriem
E o tempo saudável
Inspira as volúpias
Serenas e puras.

E eu vivo a alegria
E canto e adormeço.
E enfim sou feliz!

NOTURNO FUNAMBULESCO

Na noite grave
Na noite erma
Ouço pandeiros.

Serão fantasmas,
Ou dançarinos
Que vão passando?

Na noite quieta
Ouço pandeiros
Se distanciando.
Serão fantasmas,
Ou dançarinos
Esses que passam
Pelas estradas
Que a lua aclara?

Ouço pandeiros
Na noite fria;
Passam brincando,

Passam dançando.
Serão fantasmas,
Boêmios perdidos,
Que vão dançando?

Na noite grave,
Na noite funda,
Vozes de festa
Passam cantando.
Para onde irão,
Qual o destino,
Desses que passam,
Com seus pandeiros
Pelas estradas?

Na noite enorme,
Vozes e cantos
Os ermos mundos
Foram povoando,
E os solitários
Despertando,
E os adormecidos
Convidando,
Na noite quieta,
Para dançar,
Para cantar,
Para partir!

Mas já se foram
Esses fantasmas,
Ou dançarinos
E quieta a voz
Da noite apenas
Embala o mundo.

Pelas estradas,
Pousa a quietude
E nem o eco,
Perdido e longo,
Desses boêmios,
Quebra o silêncio
Destas paragens.

CANÇÃO

O perfume de abril erra pelo ar,
E a lua anda no céu branca e fria.
Acorda, meu amor, que o sono rouba
Estas horas que não voltarão mais

Acorda, meu amor, abril perfuma
A várzea, e os caminhos tranquilos
Recendem a magnólias e jasmins.
Acorda, meu amor, o tempo foge.

A hora não é de sono, a hora é plena,
Para a vida e para os amores.
Acorda, meu amor, a lua enflora
Este mundo noturno estranho e raro.

Acorda, meu amor, não tarda o tempo
Em mudar esta hora e a doce glória
Desta noite, em outras horas e outras noites,
Tristes e escuras, feias e tedientas.

Acorda, meu amor, vem contemplar a vida
Neste noturno mundo, encantado e maduro,
Vem ouvir a vida, nestes cantos de pássaros
Nesta escura agitação dos bichos da noite.

Acorda, meu amor, a hora é de vida.
Vem assistir ao espetáculo da noite.
Vem assistir à silenciosa floração.
Vem contemplar o invisível crescimento dos frutos.

Vem, acorda, a hora é plena e feliz,
Amanhã poderás dormir tranquila e ninguém te
[despertará.
Amanhã poderás dormir; a noite de dormir
Não é esta noite, mas outra, bem diferente

Outra noite mais fria e tão mais longa,
Sem cantos de pássaros, sem esta lua
Enchendo as estradas e a várzea de claras flores,
Sem este cheiro de magnólias e jasmins.

EU VI RAIAR A PIEDADE...

Eu vi raiar a piedade,
Nos teus olhos de repente
Foi uma luz matutina
De suavíssima bondade.

Eu vi raiar a piedade,
Nos teus olhos, de repente.
Vi, que me viste criança
Embora já tão maduro,
Que nos meus olhos sentiste,
Esta espantada tristeza.
Esta inocência ferida,
Que jamais me abandonou.

Eu vi raiar a piedade,
Nos teus olhos, de repente
Como rompe a madrugada
Sobre o deserto noturno.
Vi que me viste em perigo,
Que me sentiste perdido,
Com o meu destino partido,
Então tiveste piedade
Uma piedade tão breve,
Tão frágil, mas foi piedade...
E foi tudo o que me deste.

FOI A ESTRELA...

Foi a estrela, a última estrela no céu;
Foi o galo, foi a Rosa da Manhã,
Foi um cheiro de carne pálida,
Foi um perfume de cabelos em flor,
Foi o som de uma voz
Que de repente voltou de muito longe,
Foi um silêncio, uma pausa, um esquecimento,
Um abandono, uma janela aberta.
Foi o coração distraído,
Foi uma fraqueza, sem dúvida,
Foi um gesto perdido que se repetiu sem querer,
Foi o acaso, o imprevisível
Que permitiu à tímida esperança
Voltar por um momento,
Viver por um instante,
Respirar em mim de novo brandamente
Depois do exílio, do duro exílio para sempre!

QUE ACONTECEU...

Que aconteceu, se há pouco ainda
Eu estava seco,
Murcho e cansado,
No desespero, na negação?

Que aconteceu?
Um tempo longo
Me envelhecera,
Me entristecera.

Agora é tudo
De novo vivo
Claro, feliz,
Primaveril.

É o dom do poema,
A misteriosa
Graça do poeta,
Que vem de novo
Para salvar-me!

ROMANA

Colheremos os pomos.
O amor será tranquilo,
Como se fôssemos seres
Isentos da morte,
Livres das mutações
E dos desenganos bruscos.

Para a lúcida campanha
Levaremos pão e vinho
E nas tuas mãos em concha
Beberei até o fim,
Até adormecer cantando,
Feliz da promessa
E das tuas rosas,
Ó doce romana,
Ridente e amorável,

Dourada e fecunda,
Cabelos cheirando às flores do campo,
Espírito feliz e claro
A quem Amor coroa
E faz sorrir.

POEMA

As estrelas se abriram
Como rosas maduras.
O silêncio engoliu
As vozes dos bichos.
E o vento pousou nas árvores.
Vamos dormir.
Uma só palavra despertará o vento.
Um só desejo atormentará o mundo.
Vamos ficar.

Não; não penses no amor.
Esta é a hora de adormecer.
É a hora de descer ao sono.
As rosas brilham nos céus.
O silêncio se estendeu ao teu lado
E envolve o teu corpo jovem.
Não deixa que te penetre este perfume,
Afasta de ti este perfume noturno.
Só este perfume não dorme.

As estrelas estão quietas,
O vento está pousado nas árvores.
Dorme, dorme depressa.
A hora é a grande hora do sono.
Só este perfume errante
Inquieta as coisas e afasta o sono.
Fecha os olhos e tenta não ouvir
A voz deste perfume,
Que vem rolando de outras noites
Feitas para velar.

POEMA

Na sombra da manhã, desta manhã quase noturna
A poesia inesperadamente!

Na sombra da manhã – nesta escura hora quieta –
A doce luz da poesia – como a luz da morte!

Tão doce quase como a luz da morte!

Na sombra da manhã a luz da poesia,
E na luz da poesia,
O meu instante de glória e de justificação.
E na luz da poesia o meu perfil misteriosamente
                                        [glorioso.
E na luz da poesia – quase tão pura como a luz da
                                        [morte –
O perdão de ser quem sou!

A FUGA IMPOSSÍVEL

Para onde fugir?
Os pássaros não mais estão
Cantando nas ramadas...

Para onde fugir?
Nesta idade,
Com estes mortos
Dormindo na lembrança,

Para onde fugir?

Impossível fugir
De cabelos grisalhos,
O espírito grisalho,
O corpo exausto,
O olhar sem brilho.

Impossível fugir
Nesta hora tardia
Nesta hora madura
E grisalha,
Nesta hora impura.
Nesta hora em que se apagam
Os fogos antigos.

Impossível fugir
Quando poeta,
Secas as fontes,
Vou me repetindo,
Usando as mesmas flores
Com que enfeitei
Cabelos de amadas
Murchos e longínquos.

Impossível fugir
Assim grisalho!
No entanto
Inesperada
Essa palpitação
Essa ilusória palpitação
De reviver,
Essa esquiva esperança
De compreensão e amor.

No entanto súbita
Essa visita da mocidade,
Esse confuso desejo
De outras terras, agora
Quando tudo é cinza,
E nos cabelos grisalhos
A morte já ensaia
A sua carícia fatal.

A UM POETA JOVEM

Tu salvaste da infância o segredo,
A frescura, o mistério
E, por isso, é que afrontas o mundo
E abres, sorrindo, o coração
Ao primeiro passante!

E cantas, porque és inocente
E a todos as chagas vais
Exibindo contente
E as lágrimas do amor,
Do exílio, da pobreza,
Em flores vais mudando.

E porque és simples,
Os teus terrores vai semeando,
Tuas queixas, tuas mágoas, transformando
Em doces frutos.

E vais mentindo, Poeta,
E vais contando histórias
De estrelas sangrando
E noivas mortas!

AS RAPARIGAS MORENAS

As raparigas morenas,
As flores tristes ou alegres,
Que vou, agora, encontrando,
Dizem-me adeus
Vão passando
Dizem-me adeus,
Vão sorrindo!

Não param, para falar-me
Vão passando,
Leves, frágeis,
Algumas passam
Dançando.
Flores são
E o vento triste
Deste outono
As faz bailar,
Tão leves e frágeis são!

As raparigas morenas.
Vão passando sem parar,
Distantes e indiferentes,
Não param pra me falar.
Todas tem seu destino,
Bem diferente do meu.
São destinos delicados,
Destinos de ave e de flor.

São namoradas felizes,
São amorosas tão tristes,
Mas todas leves e jovens,
As raparigas morenas,
As raparigas em flor!

Vão passando, vão passando
Dizem-me adeus...
Lá se vão.
Umas alegres dançando
Outras tristes

Todas jovens,
Vão pela estrada
Cantando.
E o vento chega e soprando
As vai fazendo bailar,
Tão leves
E frágeis
São!

POEMA

Não posso mais com esta noite!
Não posso mais com este escuro!
Não posso mais com estas sombras!

Preciso da lua plena,
Preciso das doidas estrelas,
Preciso do céu aceso!

Preciso das luzes noturnas,
Sufoco no escuro,
Sufoco nas trevas,
Sufoco sob um céu assim tão fechado!

Preciso da lua,
Dos astros acesos,
Das loucas estrelas!

A CHUVA NOS CABELOS

A chuva molhava os seus cabelos,
A chuva descia sobre os seus cabelos
Voluptuosamente.
A chuva chorava sobre os seus cabelos,
Macios,
A chuva penetrava nos seus cabelos,
Profundamente,
Até as raízes!

Ela era uma árvore,
Uma árvore molhada
E coberta de flores.

O BÊBADO NA ESTRADA

Um bêbado está cantando na estrada
A voz do bêbado vem de longe,
Lá de baixo da estrada molhada.
A voz do bêbado vem da noite úmida,
Vem da estrada que as chuvas da tarde ensoparam.
Foi a noite que exaltou o bêbado,
Ele é um pedaço de voz dentro da noite.
É uma voz exaltada clamando,
É alguma coisa de exaltado
Dentro da noite.

É um bêbado, longe, é um bêbado
Que está na estrada
Como um sapo,
Como um pedaço de voz dependurada numa cerca.
É um bêbado que está clamando, é um profeta no deserto
É um náufrago na estrada, no mar, no caminho.
É um bêbado que está exaltado pela noite.
É um furioso entre as furiosas forças invisíveis.
É uma voz gritando contra as árvores,
É uma voz que se levanta da lama,
E procura se libertar do terror e do mistério
É um bêbado gritando.
Pensará que está cantando?
É um bêbado na noite,
É um homem na noite,

É uma alma no mundo,
É um bicho misterioso que fala,
É um participante do mistério.

É um homem esse bêbado,
É um ser que se levantará bêbado,
Ao som das trombetas
E virá exaltado,
E virá cambaleando,
E virá clamando,
Pelo grande caminho.
É um ser, é um bêbado na noite,
É um perseguido pelos cães,
Mas a sua voz é um milagre.
E bêbado na estrada úmida
E perseguido pelos cães
Ele povoa o mundo noturno de terror, de gravidade
      [e do sentimento da morte.
É um bêbado na estrada.

AS NOIVAS DE JAYME OVALLE

Acordo. Que noite enorme!
Onde estou? Que horas são?
Que lua é a lua que vela,
Lua plena ou lua pobre?
Que lua é que está no céu?
Abro as janelas. Só trevas.
A noite rola pesada.
O céu de brumas coberto
Sem lua, fechado e triste.

As noivas de Jayme Ovalle
Em que mundo se esconderam?
As noivas de Jayme Ovalle
Certamente já morreram.

Que perfume vem da noite!
De onde virá o perfume?
Dos jardins deste Condado
Ou do túmulo entreaberto
Das noivas de Jayme Ovalle?
Das noivas de Jayme Ovalle,
Que eram gentis e faceiras
Vem esse perfume leve
Que a brisa da noite traz
Onde estão as belas noivas
De Jayme Ovalle, as do sul,
As mulheres mais secretas
Que neste mundo viveram?

Onde estão as raparigas,
As raparigas escuras,
Que Jayme Ovalle adorou?
Dedé dos cabelos ruivos,
Que chorando adormeceu.
E Clélia, essa triste Clélia,
Que sonhou muitas grandezas
Quando mal amanhecia
E era no tempo a primeira,
A primeira namorada
E se findou pobremente.

As noivas de Jayme Ovalle
Foram cantando nas ruas.
E onde estão? Que doidos ventos
As levaram pelas praças,
Pelos bairros, para longe?
Amália, a de pés morenos, nas chinelas
Escondidos,
De pés fatais e macios,
Amália, noiva veemente,
Flor de um noturno calor,
Onde está?
E as outras noivas,
Didi, do Catete 100,
Que era a traição, o pecado,
O remorso, a maldição,
Que era o amor de perdição!
E Judith – essa Judith
Rodrigues dos Santos, presa
Por um agente infernal
E que Sobral defendeu.
Judith, a de corpo escuro,

Que bebia gravemente
Magra e seca,
Lírio preto,
Noiva na triste miséria?

E Rosinha, a portuguesa,
A mais madura de todas
E que teve por destino,
Morrer deixando riqueza.
Rosinha, que Vila-Lobos
Muito jovem, conheceu,
Rosa noiva, rosa plena,
Rosa cheia de ternura.

E essa noiva do mistério
Noiva de uma noite só,
Cuja imagem indefinida,
Em Paris se sepultou.
Noiva que Di Cavalcanti,
Por acaso, lhe ofertou!
Noiva que é Anjo Perdido
E que numa madrugada
Fugiu com os cabelos soltos
E os pés descalços na neve.

Das noivas de Jayme Ovalle,
Das muitas noivas, que resta
Nesta noite de surpresa,
Senão o vago perfume
Que vem – quem sabe – de longe,
Dos jardins deste Condado
Ou dos túmulos longínquos
Em que as amadas descansam?

O que resta das amadas,
Das que falei e outras mais,
De Olívia, que a vida airada
Fez chamar Olga, também.
De Olívia, cheirando a manga,
Flor de uma grossa ternura,
Como a chuva de Belém.

Onde estão, de Jayme Ovalle,
As noivas que tanto amou?
Estão sepultadas todas
No esquecimento,
Na morte,
No fundo da terra gorda.
Estão todas sepultadas,
Até Otília, a mulata, tão jovem,
De corpo de ouro.
Essa virgem desgraçada,
Que um dia fugiu
Chorando
E os mares atravessou.

As noivas de Jayme Ovalle,
As raparigas do sul,
Dormem à sombra das mangueiras,
Dos oitizeiros em flor,

Dormem na pobre lembrança,
Tão morenas e tão noivas,
Tão longe deste Condado,
Desta terra triste e fria.

Meu Deus, em que noite estou?
Que noite cheia das mortas,
Das amadas já defuntas,
De tristíssimos perfumes!

Abro as janelas e penso
Nas noivas de Jayme Ovalle,
Das que surgiram de súbito
Quando as cortinas tremeram
Pelos ventos agitadas!
Todos vieram, menos uma.
A que é Estrela e não tem nome,
A que brilha eternamente,
Solitária, além das brumas,
A que os mares ilumina,
A noiva que não foi noiva,
A que brilha eternamente,
Tão fria sempre e tão clara,
A que nunca morrerá,
A amada que nunca amou.
O corpo louro intocado,
Implacável e inclemente,
A noiva de Jayme Ovalle,
Que ele, nos céus procurando,
Todo o seu tempo gastou,
Essa que nunca um perfume,
Um sorriso, uma lembrança,
Jamais, jamais lhe mandou.
A que não dança na ronda,
Entre as escuras ou claras,
Filhas das terras do Sul,
Que Jayme Ovalle noivou!

SENHOR, A NOITE VEM DESCENDO

Senhor, a noite vem descendo,
A noite vem caminhando.
Nas casas dos homens vão se acender as luzes
E será chegada a hora da ceia
E entre os familiares o pão será dividido.

Senhor, por que não vens comigo e não contemplas
A casa dos homens?
Ninguém nos verá. Por uma vidraça
Descobriremos o mundo dos homens.

Veremos a família reunida. O pai pensativo, a mãe
                                     [servindo
E os filhos inquietos e impacientes sem o saber, da hora
                                       [próxima
Em que terão, eles também, de presidir e servir
Nas ceias futuras,
Quando a casa se povoar de seres novos,
Convocados para continuar indefinidamente a vida
                                       [amarga.

Senhor, vem contemplar comigo a casa dos homens.
Vem ver, com os teus próprios olhos, a segurança que
                                       [reina
Na casa dos homens.

Reunidos em torno à mesa familiar,
Parecem não sentir o abismo e o silêncio que os cerca.

Praticam no breve tempo, como se estivessem na
                                [eternidade.
Julgam a casa fundada na solidez
E não sabem, Senhor, e não sentem que a casa do homem
É um navio que avança pelo mar, para um destino incerto,
Que a casa do homem é sempre um navio
Pobre em mar traiçoeiro.

Vamos, Senhor, olhar os homens reunidos,
A família do homem reunida na refeição noturna.
A casa está cheia de sombras
Mas a luz de uma lâmpada esconde aos homens
A presença de escuras formas que os velam e cercam.
A lâmpada que preside à mesa esconde
O que só nas trevas se vê e distingue:
A presença dos desaparecidos, dos antigos,
Dos que pertenceram às gerações já adormecidas,
Aos que se foram e tombaram, como frutos na terra.
Ou velhos, ou colhidos pela tua própria mão, Senhor,
                                  [ainda verdes.

Vem, Senhor, contemplar a família do homem.
Vem olhar a retardatária, a que se esconde da outra
                                  [noite,
A anciã que tudo, o menor gesto, a mais breve palavra,
Faz reviver, gestos e palavras que rolaram na morte.
Vem contemplar o recém-vindo, que a voz materna
Acalenta, que a voz materna procura fazer reencontrar
                                  [o sono, o seio do sono.

Vem ver, Senhor, o adolescente, o homem adolescente.
O seu olhar iluminado, os seus passos graves em torno
                                        [à mesa,
Quando, finda a refeição, a verdadeira noite vai começar.
Vem ver o sorriso com que o adolescente
Ouve a experiência do Pai
Que lhe fala.

Vem ver a mãe, Senhor
E, assim, recordarás a Tua Mãe,
No seu tempo na terra.

Vem ver como na serenidade materna,
Treme o inquieto espírito feminino,
Como uma rosa que o vento estremece.

Vem, Senhor, agora que a tua noite desceu
Dos cegos céus – o homem na sua casa,
O pai de família, o homem, cuja forma e espécie,
Um dia tomaste, no Sacrifício Remoto.
Vem ver o homem à luz da sua lâmpada noturna.

O olhar do homem, o aspecto do homem na sua
                                        [descuidada,
Na sua abandonada verdade.
Vem ver o homem no meio do caminho,
Entre os que se foram, entre os desaparecidos
E os que estão chegando.

Vem, Senhor, contemplar a tua criatura
Não ameaçada nesta viagem.
Vem ver a imagem da tua criatura, Senhor,

Na sua breve noite sobre a terra:
Vem ver o homem, Senhor, na sua imagem mais pacífica.
Na sua imagem mais segura,
Quando a noite desce do alto
E, na casa do homem, se acendem as luzes.

SONETOS

I

Escravo em Babilônia espero a morte.
Não me importam os céus tristes e escuros
Nem claridades, nem azuis felizes,
Se espero a morte, escravo em Babilônia.

Escravo em Babilônia, não me importam
Cantos, que de Sião os ventos trazem
Com as inaudíveis vozes da lembrança,
Se espero a morte, em Babilônia, escravo.

Não me importam amores e esperanças
Se escravo sou e a morte aspiro
Em Babilônia, onde me esqueço

Do que fui, das auroras e dos sonhos
E da enganosa e pérfida doçura
Que neste exílio me precipitou.

XII

São rosas enfermas,
São flores, são leves,
São doces meninas
Brincando de roda.

Nem parecem noivas,
Do noivado eterno,
Nem parecem doidas,
Nem parecem doentes.

Dançam suavemente,
Como se sonhassem,
Como se pousassem

Os seus magros pés
Apenas no mundo,
Por um breve instante.

XIV

Quantas estrelas caindo de repente!
Ouço-as, no chão, de asas partidas,
Nos últimos soluços, na agonia.
São estrelas, Senhor, estrelas de ouro!

Antes brilhavam, nas alturas, quietas.
Foi o amor, como um vento em desespero,
Que as fez tombar no coração da terra
Que as perdeu para sempre, e eternamente

São de estrelas, Senhor, esses apelos,
Que da noite e da terra vem chegando,
Esses murmúrios e essas vozes tristes.

São de estrelas, as luzes misteriosas
Que procuram subir aos céus vazios
E logo morrem como gestos frágeis!

XXII. SONETO A FEDERICO GARCÍA LORCA

O sentimento da morte verde
Percorre e vibra em teus cantos,
Exalta e ilumina a tua poesia,
Como o sangue das bodas terríveis...

Trazias a certeza da verde morte
No espírito; sabias que te fariam calar
Na hora da tua plenitude,
Na hora da tua suprema força.

Sabias que ias morrer antes da ceifa,
Que os teus trigais ficariam abandonados
E seriam destruídos pelos ventos do estio.

Sabias que ias morrer na juventude
E agitavas tua verde morte, como um candil
No escuro do teu mundo violento.
Quem me dera, essa alma ardente e grave,
Essa alma imatura que cantava
A doce e pura sedução da morte.

XXXIII

Lira dos meus vinte anos, quem me dera
Possuir-te ainda, virginal e triste,
Cheia da doce música perdida,
Das amadas defuntas mas tão vivas!

Lira dos meus vinte anos, quem me dera
Ouvir planger, em mim, tuas notas tristes,
Sentir ainda uma vez teus arrepios
E os teus suspiros de melancolia.

Lira dos meus vinte anos, quem me dera
A alma de outrora, que te fez cantar,
Os frágeis cantos que de amor choravam.

Quem me dera, essa alma ardente e grave,
Essa alma imatura que cantava
A doce e pura sedução da morte.

MENSAGEM AOS POETAS NOVOS
(1950)

A poesia é simples
Vejam como a lua úmida
Surge das nuvens
Livre e indiferente.
Vejam o silêncio que nasce
Dos túmulos, nas madrugadas!

A poesia é simples
O canto é pobre e puro,
Como o pão e o fogo,
Como os voos dos pássaros
Nos céus azuis.

Agora sinto que me liberto,
Venho dos mistérios da adolescência.
Das insônias, brancas barcarolas,
Ventos exaustos, mãos ardendo,
Olhares que as chamas já perdidas
Descobriram, refúgio de velhas ambições,
Porto de inquietas tristes esperanças
Adormecidas, lívidas, extintas,
Subitamente despertadas.
Que ruídos de asas, de repente
Que tremores nas vozes apagadas
E que brilham de novo intensamente!

Agora sei que é simples a poesia
E que é a própria vida:
Antes julgava apenas que era morte,
Quando nada vivera e não sentira
Senão o desfolhar das aluluias.

Agora sei. Contemplo a tarde:
O sol no ocaso corta as árvores,
Pelas estradas passam caminhantes
Que vem do outrora e vão indiferentes
Ao encontro de mares e de luas.

Precisa-se no espírito, como um fruto
Maduro enfim, perfeito e saboroso,
O conceito, a figura da poesia
Sobre a pele esverdeada, manchas negras;
Que perfume de seios e de alfombras!

Eis a vida! Soluço de alegria
Perdido na ambição da eternidade.
Agora sei que é vida – essa poesia
Que vesti de violáceos desesperos,
Cantos de escravo, sons de sinos mortos,
Mares, sombras de junho, ermos e longos
Lacrimosos caminhos!
Agora sei! Mas é tão tarde!
Tarde não mais apenas nas palavras;
Tarde porque desfaz-se em pó
Esta matéria, vaso que conteve
O ser e a sua música olorosa!

Espírito da vida, agora é tarde!
Mas respiro e ainda sinto as forças nuas

Plasmando as formas, dominando tudo,
Sinto, mas já não estou, não sou senão
Conhecimento e lúcida memória

*

Poetas dos tempos novos!
Simples é, como a lua mua
E livre de nuvens,
A poesia!

Simples é o mar, e não soturno
E curvo como o enfermo poeta
O canta na turbada adolescência.

Simples, e tão mais simples
Quão puro é o canto.
Voo de asas nos céus quentes!

Poetas novos, dissipam-se os assombros:
Nasce a Poesia, enfim.
Mas nasce tarde, a dor viveu
Longamente demais na alma engannada.
Era dor de palavras.
Dor é agora, esta que sinto
Vendo em flor o mundo,
Vendo as formas gentis

E a ordem nascendo
Dos tumultos e inúteis agonias.

AURORA LÍVIDA
(1958)

O PÁSSARO

O pássaro estremece, a noite imóvel
Com suas asas,
O pássaro é o primeiro sinal de vida.
É o primeiro som molhando o espaço.

Abre-se na superfície escura uma leve ferida,
Por onde começam a surgir luzes virgens,
Que logo se enfloram,
E no espaço, vigorosas e jovens, se atiram.
São luzes frescas, que têm a forma inicial
De lágrimas deslizando na face da sombra,
Mas que nos campos celestes,
Soltas e livres, tomam as formas de corcéis.

O pássaro paira sobre o mar recém-nascido
E inaugura o tempo.

E frutificará
Na eternidade prometida.

ELEGIA DE FRANKFURT

A noite pousou sobre Frankfurt.
Nas casas, em que se abrigam desconhecidos,
Acenderam-se lâmpadas, mas
No céu escuro e pálido não vejo estrelas.

Só agora me sinto livre e descanso.
Meu coração é como um ninho vazio:
As angústias e a própria dor constante
Partiram, agitando suas asas.

CHAMADO DA POESIA

Ouço a poesia que me chama.
São vozes que passam numa estrada
Agitando lembranças
Que não moravam na lembrança.

Ouço a poesia que me acena,
E vejo alguém, um vulto ao longe,
Dançando. Quem dançará para os meus olhos,

Já fatigados e desertos?
Quem dança assim, na noite ardente?
Ó corpo em flor, que o vento em música mudado
Como uma rosa despetala.

Quem canta assim, na noite rouca?
Quem canta assim, o amor do mundo celebrando?

Ouço a poesia que me acena!

É o efêmero, é o amor da terra,
É o barro, é o limo,
É a forma frágil e mentirosa.
É o seio em flor,
É o cheiro quente,
É a juventude fugitiva,
É o que a poesia transfigura,

É o amor do mundo,
É o grande engano
Que dança.

Ouço a poesia que me chama
E me dá a noite,
A noite cálida e exaltada,
Envenenada pela música,
A noite cheia de desejos
Que, como um corpo, se oferece.

ESTIO

Estou ouvindo uma cigarra cantar.
Virá da praia, minha vizinha, da rua,
Ou de algum edifício de apartamentos próximo,
Essa voz longa, aguda, pungente?

Talvez não seja cigarra,
Mas apenas silvo de máquina,
Qualquer coisa sem alma que desatou a gemer.

Mas não importa!
Eis o estio no meu espírito.
Com a voz da sirene rasgando o túmido tempo,
Vejo-a: as pernas claras estendidas
                       [na relva.
Na sua testa a estrela do amor luzia.
Vejo-a quente, abertos os olhos,
Quase adormecida.

POEMA DE NATAL

A ideia de escrever um
   poema de Natal

Traz-me à lembrança o poeta Ungaretti,
Na sua casa em Roma,
Via Remuria, 3.

Vejo-o impassível, o rosto difícil
De florir um sorriso,
Com os seus olhos que parecem
                    [cansados
De contemplar o fundo do mar.

Ungaretti é um pássaro revoando,
Volteando, girando e, de súbito,
                  [molhando
As largas asas duras nas águas
Onde pousa e, às vezes, se move
A imagem do seu filho perdido.

Ungaretti tem – e é seu consolo –
A certeza de que o filho
Não tocou no mal,
Que não chegou a perceber
Que os seres são sempre órfãos
E caminham sozinhos.

Ungaretti possui um tesouro,
E este dia de Natal reabre-lhe
Não só a ferida, mas também
         [a vontade de viver
Para que viva nele e com ele o seu fruto.

Penso com inveja em Ungaretti.
Invejo a tristeza do poeta.
Quem tem uma tristeza assim,
Não está de todo abandonado,
Não perdeu os últimos sinais
Que reconduzem à cidade da infância.

Neste dia de Natal, na sua casa em Roma,
Via Remuria, 3,
O poeta Ungaretti está menos só do que eu.

Possui a sua própria dor a queimar-lhe
         [o peito e a acompanhá-lo.
E enquanto sua lembrança esvoaça
Em torno do filho pequeno que partiu,
Poupa-lhe Deus miséria igual à minha:

Contemplar nesta hora festiva
A face morta da criança que eu fui.

POEMA

A voz cansada,
que já era antiga
quando nasci;
a voz doce
na hora amarga;
a voz que era boa
e humilde
e sabia
contar histórias remotas,
evocar fantasmas,
recordar perdidas
passagens da vida;
a voz que sempre ouvi,
desde o berço, onde está?

Na verdade, não está mais
a voz que hoje lembro.
Mudou-se
em silêncio.
Nunca mais a ouvirei,
tão longe,
tão quieta,
tão perdida
que mal pesa na minha lembrança,
que mal flutua no meu passado
e é como um perfume,
como um sorriso de criança,

como um ninho vazio,
como uma borboleta arrastada pelo vento,
como o silêncio pousado na rosa,
na face do mar, no rosto da morta.

SAUDADE

Saudade da cidade enferma
Com as suas luzes mortiças.
Saudade das betesgas e vielas onde
              [brincavam crianças,
Dançando a roda e inventando coisas
Em torno de poças de água.

Saudade de velhas que espiavam
Pelas frinchas das portas, furtivamente.
Saudade dos que chegavam sempre
              [na hora grisalha,
E partiam na antemanhã, e só levariam do mundo
As imagens das ruas escuras e paisagens dos reinos
                              [da pobreza.

Saudade do velho sino dominical
E de uma mulher que eu vi
Debruçada numa janela,
Sorrindo para ninguém
E secando ao tímido sol outonal
Os seus longos cabelos.

A DANÇARINA

Atirou-me uma rosa imaginária.
Era um veleiro esbelto
Entre espumas e azuis
Cortando o mar.
Era uma árvore vestida de flores
Crescendo para os astros,
Leve e trêmula.

Atirou-me uma rosa imaginária.
Fugia e avançava.
Os pés brancos dançavam.

O AZUL

O azul frio do mar,
O azul cinza do mar
Entrou-me não somente pelos olhos
Mas invadiu-me todo,
Tocou-me o espírito,
Molhou as pupilas vazias
Do cego que eu sou.

Senti o azul nas minhas mãos,
Cobri de azul meu corpo.

O azul veio do mar
E caminhou ao meu encontro
E não era cor e ilusão
Mas um ser respirando
Que se abria diante de mim
Como um seio, como um abismo,
Como a face do meu destino.

AURORA LÍVIDA

Em mim a flor da morte
Em fruto se converte.
Dos pássaros que sempre ouvi cantar
Já nas frondes as vozes silenciam.
Dentro em pouco serei forma e passado,
Não mais palpitação e inquieta chama.

Dentro em pouco serei um rosto frio,
Um olhar que não vê – e as mãos que escrevem
Estes versos se quedarão imóveis.

Em mim a flor da morte
Em fruto amadurece
E vou me despedindo
Deste reino da terra,
Tão cheio de mistérios e surpresas.
Todo o meu ser se acalma,
Sinto que será bom dormir.

A aurora lívida entra pelo meu quarto
Trazendo nos braços as flores
Da última primavera deste mundo.

O CAMINHO DO FRIO
(1964)

INVENTÁRIO

Há um berço vazio, onde ninguém veio dormir,
Há uma viagem que jamais se realizou,
Paisagens que nunca foram vistas.
Há lembranças de sonhos partidos.
Uma casa construída pela imaginação
E cujas portas ninguém transpôs.
Há planos que foram abandonados
Para sempre.

Há algumas horas de paz e de silêncio,
Coroando sofrimentos e lágrimas invisíveis.

Há uma tristeza do que poderia ter sido,
De algumas palavras que pareciam
De compreensão e piedade,
E há o desgosto deste mundo.

Há algumas imagens da juventude
E a saudade de um fruto claro
Para sempre perdido.

Batiam na aurora as suas asas
Contra as asas do vento.
Na água de um mar sujo
Pousavam velhos barcos de pesca
E um exausto navio tremia
Diante do vento.

Dentro de mim adormecido
Ressurgira a nossa velha casa
Com as suas vidraças por onde
Olhava-se o mar e o porto
E algumas ruas abafadas
Por onde passavam fantasmas.

Diante de mim adormecido
Ressuscitaram teus cabelos,
A tua voz, teus olhos
E o mistério da tua inexistência.
E podia ouvir arfar o teu peito
Ao lado do meu, nessa noite sem termo
Em que me atormentou a voz do vento do Norte
Até às portas do dia.
Depois os pássaros passaram
A lutar com o vento.

Dentro de mim adormecido
Retomei o fio
De uma vida sepultada.

DESEJO DE ESCREVER
UMA CANÇÃO

Desejo de escrever uma canção
De adeus ao mundo.
Uma canção sem desespero,
Uma canção tranquila
Em que toda a tristeza de partir
Pela virtude musical se transmudasse
Numa espécie de alegria dolorosa!

Desejo de cantar antes de partir,
De cantar de tal maneira
Que a música vencesse
O medo da morte!

Desejo de cantar
O adeus ao mundo
Exaltando as belas coisas
E altas horas vividas.

Desejo de cantar o amor
E o seu poder
E celebrar os seres
Que o amor transfigurou.
Desejo de exaltar a Desaparecida
E trazê-la de novo
Por um instante à superfície do tempo.

Desejo de ressuscitar numa canção quase feliz
Os que perdi...
E fazê-los tornar do esquecimento
Como se viessem de um passeio matinal.

Desejo de dizer adeus ao mundo
Cantando,
E não chorando...

Dizer adeus...
A alma como um navio.
Que levanta a âncora
Para uma viagem tranquila,
Como um navio que se vai
Levando os belos tesouros deste reino da terra.

Levando flores, pássaros, céus de outono,
O perfume da primavera,
E uma teoria de estrelas:
Da Estrela-d'Alva à estrela pálida
Que eu contemplo neste instante
E que vai velar o meu sono...

Desejo de dizer adeus ao que sou
E ao que fui,
Numa bela e clara canção
Sem desespero.

BALADA

A dor já não dói.
Fria, envolvente e etérea.
A dor flutua.

Foi dura e intensa,
Deixou de o ser.
A dor, agora, é leve,
Simples, quase graciosa.

A dor não dói, não dói mais nada.
A dor cortou a flor na haste
E o fruto verde decepou.

A dor rasgou a luz aos olhos
Que estavam cegos de nascença.

A dor não dói.
Contemplo a dor
Volteando no ar.
Brinco com a dor.
Em vez de lágrimas, sorrio.

A dor matou o sofrimento
E torres velhas aboliu,
Raízes fundas arrancou
Do peito amante
Ora insensível.

A dor feriu,
Mas acabou com o sofrimento.
O tempo se tornou agora frio.
O vento secou feridas
E levou, de repente, a última inocência
Que ficara esquecida,
Como um ninho vazio
No fundo do coração adulto
E coroado de cicatrizes.

A ROSA CANTA

A rosa fresca,
Nua, serena,
Leve, completa,
É um abismo.

A rosa rubra,
Quieta, sozinha,
Brilha no sonho
Como uma estrela.

A rosa viva,
Com seu perfume,
Queima os meus olhos.

A rosa canta:
Sua voz tem cheiro
De amor e morte.

OS PÁSSAROS

São pássaros brilhantes,
Cantam matinas;
São pássaros modestos
Sem ambições.

São diferentes dos outros,
Dos pássaros trágicos,
Ávidos e inquietos,
Que voam na angústia.

Tão diferentes dos outros,
Dos pássaros que seguem navios
Nas regiões geladas.

Tão diferentes dos assassinados.
Os meus pássaros são de Deus,
Cantam matinas.

SONETO

Só preciso de poesia.
Não quero mais nada,
Não quero sorrisos,
Nem luxo, nem fama,

Nem bruxas, nem bodas
Nem gritos de guerra,
Nem doidos volteios
Nas danças sensuais.

Só aspiro poesia. Poesia
E silêncio. No mundo fechado,
No escuro do tempo,

A luz da poesia é como a semente
Que na terra morre e logo apodrece,
E na vida renasce em flores e frutos.

MIRAFLORES

I

Moças de Miraflores,
Raparigas de meu berço,
Cantai, quero esquecer-me
Dos doidos dias que vivi.

Cantai, graciosas de Miraflores,
Nas pontes, nos balcões, nas ruas.
Quero lavar meu coração
Com as vossas vozes.

Vozes de águas de fontes,
Tão frescas e puras que as feridas
Pensadas deixam de doer.

Cantai o amor e as esperanças.
Quero morrer, mas embalado
Por vossos cantos matinais..

II

E levarei nos olhos,
Quando vier a morte,
A imagem de Miraflores.

Nas portas da cidade
Havia um moinho
Movido pelas mãos do rio.

Hoje esse moinho é sombra
Imóvel. E havia uma velha
Casa senhorial na praça quieta

E acolhedora. Em seus beirais
Dormiam as andorinhas inquietas.
A doce musa de Miraflores,

Com suas tranças de primavera,
Numa janela olhava o mundo
Que em breve iria abandonar.

III

Musa de Miraflores, bela Eulália,
Que me dizias adeus com o olhar,
Onde te encontras, em que estrela,

Em que parte do céu hoje descansas
Dos muitos sonhos que tiveste
E te fizeram padecer?

Levarei nos olhos, quando a morte,
Que se aproxima enfim, chegar,
A imagem quieta de Miraflores.

IV

Salve o Arco de Miraflores
E as graças primaveris.
Salve a dança, a cega e o lume
Da pátria de Agesislau.

Salve a praça de Miraflores
Com sua velha e senhoril
Catedral de Santa Engrácia,
Onde as bodas se selaram.

Salve o fantasma que desce
Da montanha e vem rever
Os sítios por onde andou.

Salve a lâmpada de prata,
Salve o cheiro de alecrim
E as moças de Miraflores.

SERENATA DO AMOR

Desperto de repente e sinto que a noite me chama,
A noite me ergueu do sono e palpita.
O vento se enrola e cresce
E afaga os frutos noturnos
E entra pelas janelas.

Desperto de repente e ouço a noite
E distingo, nas vozes que passam,
As vozes das amadas.

Distingo as vozes e povoa-se o vazio, de repente,
Com os vultos das amadas perdidas.
É Matilde com as suas tranças,
O seu sorriso doce, as mãos pequenas e quentes;
Francisca, indiferente e cruel,
Por quem conheci o desencontro, o impossível,
A dilaceração e o desespero,
É Francisca – rouca e feia!

Para onde vão, na hora tardia,
Essas que vão passando e riem e cantam
E confiam às sombras os seus segredos?

Para onde vão, para onde,
Essas que me feriram na mocidade
E agora me acordam
E acordam nesta hora morta e inquieta a ventura do amor?

CANÇÃO DO EXÍLIO

Deste andar tão alto
Deste alto deserto
William Street, 52

Deste céu tão ermo
Vejo a tarde triste
Vir baixando lenta

Vir chegando leve...
Vejo a tarde escura
Vejo a tarde fria

Abraçando aos poucos
As cabeças longas
Dos arranha-céus.

Hora melancólica, hora
Triste e mansa, quando
As raparigas datiloestenógrafas

Vão fechando as máquinas
Vão olhando o espelho
Prestes a partir, prestes a fugir

Nos *subways* ligeiros,
Para os pobres bairros
Para os namorados.

Hora de tristeza, no bairro pesado
De comércio bruto, no grande deserto...
Hora em que não tornam

Aos pombais de outrora
As pombas perdidas
Pois o frio é muito...

      Hora da partida para os lares
      Ermos, nos apartamentos
      Nas casas imensas de cinquenta andares

Hora da saudade dos pequenos bairros
Quando as raparigas – lá nos pátrios lares
Nos portões estreitos, entre jasmineiros,

Brincam de namoro, brincam de tristeza
Lá nos bairros pátrios
Hora de saudade da terra distante.

Aqui não há sinos para saudar a tarde!
Homens de capotes, marcham tão depressa
Homens de negócios cabisbaixos seguem

Pelas grandes ruas, pelas avenidas
Homens de negócios, tão preocupados
Que só olham o chão.

Também nesta rua, neste bairro imenso
Onde nasce a Broadway
Já não há mais céu.

Também nesta rua, tão triste e vazia
Com estes homens todos, com esta multidão
Sinto-me sozinho, sinto-me perdido.

E esquecendo tudo lembro das palmeiras
                        [de Gonçalves Dias
Penso nas morenas da pátria distante
E a saudade-estrela desta noite nova –

Brilha de repente, através os vidros
Das janelas – deste andar tão alto
William Street, 52.

O ÚLTIMO POEMA

Chegará o dia do último poema
E o último poema sairá para o tempo tranquilo e natural,
Sem nenhuma melancolia, como se fosse o primeiro
                                          [nascido
Do espírito inquieto.

Chegará o dia do último poema
E o último poema será simples e modesto
Como se fosse um dos muitos da longa série inútil.
No entanto, será o último,
Será o derradeiro,
A última canção.
Sobre a voz que se foi e cantou
Será o último som interrompido, subitamente,
Quando tudo parecia indicar a vinda de outros sons,
E que eles caminhariam pela estrada
Como raparigas imaginárias enfeitadas de flores,
Formando a grande música.
Será o último poema e sobre a voz estrangulada
O mármore gracioso e resistente.
Será o último poema e ninguém perceberá
Que a morte está nele e o domina
Como se ele fosse uma rosa no seu último instante de
                                            [plenitude,
Viva e perfeita,
Mas prestes a se desfazer ao primeiro sopro,
Prestes a estremecer no soluço final.

Será o último poema e ninguém sentirá
Que o silêncio absorverá para sempre a poesia poderosa,
Que o poeta está morto
E que esse poema é um poema
Nascido de uma força perdida,
A última lágrima indiferente que desceu de olhos sem
                                   [vida,
Luz que veio caminhando pelo espaço, originária de
                                   [uma fonte morta.
O último poema será um poema perdido entre muitos
                                   [poemas
Como uma flor perdida, como um sorriso breve,
Como uma fisionomia desconhecida que um instante
                                   [fixamos e que vai desaparecer
Para sempre na terra, na distância e na morte.

BIBLIOGRAFIA

ANDRADE, Carlos Drummond de. Segredo e atualidade de Schmidt. In: *Obra completa*. Rio de Janeiro: Aguilar, 1967.

ANDRADE, Mário de. A poesia em 1930 e A volta do condor. In: *Aspectos da literatura brasileira*. 5. ed. São Paulo: Martins, 1974.

BANDEIRA, Manuel. Apresentação da poesia brasileira. In: *Poesia completa e prosa*. Rio de Janeiro: Nova Aguilar, 1993.

BASTIDE, Roger. Estudos sobre a poesia religiosa brasileira. In: *Poetas do Brasil*. São Paulo: Edusp/Duas Cidades, 1997.

BATISTA, Valdinei Dias. *O sineiro dos mortos – poética e ideologia:* Augusto Frederico Schmidt (poesia e prosa). Tese (Doutorado) – Faculdade de Filosofia, Letras e Ciências Sociais, Universidade de São Paulo, São Paulo, 2002.

BOSI, Alfredo. *História concisa da literatura brasileira.* 3. ed. São Paulo: Cultrix, 1997.

BRITO, Mário da Silva. *Panorama da poesia brasileira.* O modernismo. Rio de Janeiro: Civilização Brasileira, 1959. v. VI.

CANDIDO, Antonio; CASTELLO, José Aderaldo. *Presença da literatura brasileira:* história e antologia. Modernismo. 10. ed. Rio de Janeiro: Bertrand Brasil, 1997. v. 2.

FERRAZ, Heitor. A poesia sincera de Augusto Frederico Schmidt. In: MEY; Letícia; ALVIM, Euda (Orgs.). *Um século de poesia:* antologia. São Paulo: Globo, 2005.

GERSEN, Bernardo. Um poeta de essências. In: SCHMIDT, Augusto Frederico. *Antologia poética.* São Paulo: Leitura, 1962.

HOLLANDA, Aurélio Buarque de. A poesia e o pássaro. In: *Território lírico.* Rio de Janeiro: Edições O Cruzeiro, 1958.

MERQUIOR, José Guilherme. A poesia modernista. In: *Razão do poema.* 2. ed. Rio de Janeiro: Topbooks, 1996.

MEY, Letícia; ALVIM, Euda (Orgs.). *Um século de poesia:* antologia. São Paulo: Globo, 2005.

_____. *Quem contará as pequenas histórias?* Uma biografia romanceada de Augusto Frederico Schmidt. São Paulo: Globo, 2005.

SCHMIDT, Augusto Frederico. *50 poemas escolhidos pelo autor.* Rio de Janeiro: Ministério da Educação e Cultura, 1956.

_____. *Poesia completa:* 1928-1965. Rio de Janeiro: Topbooks/Faculdade da Cidade, 1995.

_____. Minha formação. In: _____. Rio de Janeiro: Topbooks/Faculdade da Cidade, 1995.

TELES, Gilberto Mendonça. As vozes universais. In: SCHMIDT, Augusto Frederico. *Poesia completa*: 1928-1965. Rio de Janeiro: Topbooks/Faculdade da Cidade, 1995.

BIOGRAFIA

Augusto Frederico Schmidt nasceu no Rio de Janeiro em 1906 e, aos oito anos de idade, embarcou para a Suíça, onde fez os estudos primários. Aos dez, perdeu o pai, acontecimento que motivou o retorno ao Brasil. Estudou em escolas de Juiz de Fora e do Rio de Janeiro. Aos catorze anos, começou a trabalhar no comércio, porque, segundo ele, "não dava para os estudos". Quando sua mãe morreu, tinha apenas dezesseis. Foi dela que o poeta herdou a curiosidade pelos livros.

Entre 1926 e 1928, Schmidt viveu em São Paulo, aproximando-se de Mário de Andrade, Oswald de Andrade e Ribeiro Couto, entre outros escritores. Foi nesse período que se tornou amigo de Plínio Salgado, embora tenha se recusado a aderir ao grupo verde-amarelo. Mais tarde conheceu Jackson de Figueiredo, que lhe apresentou Alceu Amoroso Lima — intelectuais ligados à Igreja Católica que tiveram profunda influência em sua formação intelectual.

Em 1928, trabalhando como gerente de uma serraria em Nova Iguaçu, no Estado do Rio, Schmidt escreveu seu primeiro livro, *Canto do brasileiro*, que lhe valeu uma recepção calorosa no meio literário. No anos seguintes publicou os seguintes títulos: *Cantos do liberto* e *Navio perdido* (1929), *Pássaro cego* (1930),

Desaparição da amada (1931), *Canto da noite* (1934), *Estrela solitária* (1940), *Mar desconhecido* (1942), *Fonte invisível* (1949), *Aurora lívida* (1958), *Babilônia* (1959) e *O caminho do frio* (1964), entre outros títulos de poesia. Em 1948, publicou ainda um livro de memórias, *O galo branco*, que na década seguinte ganharia uma edição ampliada.

Em 1934, Schmidt casou-se com Yeda Ovalle Lemos, sobrinha de Jaime Ovalle. E foi também na década de 1930 que ele fundou uma editora que marcou época, famosa pela qualidade de suas publicações. Descobridor de talentos, Schmidt lançou escritores como Graciliano Ramos, Jorge Amado, Marques Rebelo, Amando Fontes, José Geraldo Vieira, Lúcio Cardoso e outros do mesmo porte. Além de ter editado as primeiras obras desses ficcionistas, também foi responsável pela edição do clássico *Casa-grande & senzala*, de Gilberto Freyre.

A aptidão para os negócios, raríssima em poetas, fez de Augusto Frederico Schmidt um empresário de sucesso. Na década de 1950, exerceu funções públicas no governo de Juscelino Kubitschek. Foi várias vezes chefe da delegação do Brasil na Assembleia das Nações Unidas, além de representar o país como embaixador junto à Comunidade Econômica Europeia. Como homem de negócios, esteve à frente de várias empresas, dos mais diversos ramos de atividade. Em 1957, Schmidt recebeu o título honorífico de Comendador de Portugal. Morreu em 1965, em sua cidade natal.

ÍNDICE

Música do vento 7

CANTO DO BRASILEIRO (1928)

Canto do brasileiro 25

NAVIO PERDIDO (1929)

Canto do estrangeiro 37
Alma 41
Pressentimento 43
Solidão 44
Imagem 45

PÁSSARO CEGO (1930)

Pássaro cego 49
Solidão 51
A ausente 52
Quando voltar o outono 54

Noivas mortas.. 55
Serenidade... 57
Vazio... 58
Luciana 59
Soneto II.. 60
Paisagem... 61
Equilíbrio.. 63

CANTO DA NOITE (1934)

Canto da noite.. 67
Silêncio depressa 70
Estrela morta.. 71
Apocalipse.. 72
Tristeza desconhecida... 73
Despedida 75
Soneto.. 76
O grande momento... 77
Aparição da amada... 78
Canção da breve serenidade.. 79

ESTRELA SOLITÁRIA (1940)

Estrela solitária.. 83
Poema 84
Destino da beleza.. 85
Grande azul, claros céus! 86

História da borboleta branca 87
Canto da louca 90
Poema 92
São ruídos de orações 93
Retrato do desconhecido 96
Nascimento do sono 99
Pelas largas janelas entra a noite 100
As rosas estão quase mortas 101
A tristeza da tarde 102
Ciclo de Josefina 103
Soneto 111
A festa humilde 112
Soneto 113
Soneto 114
Mar 115
Rosas 116

MAR DESCONHECIDO (1942)

Mar desconhecido 119
Soneto do outono 120
Meus avós portugueses 121
A poesia chegou 122

SONETOS A JOSEFINA

Destino de Josefina 125
Josefina no jardim 126

Josefina no inverno 128
Elegia 130
Ouviremos a voz do outono... 132
Poema inacabado 134
Cânticos para os adolescentes 135
Poema do pescador 139

FONTE INVISÍVEL (1949)

Ars poética 145
Quero ir ao fundo das coisas... 146
O pássaro branco 148
Poema 149
A árvore 150
Epigrama I 152
Ondas 153
Epigrama II 154
Poema de Galaor 155
Noturno 156
Sentimento da morte 157
A lua do Lima 158
Noturno 159
Alegria 160
Noturno funambulesco 162
Canção 165
Eu vi raiar a piedade... 167
Foi a estrela... 168
Que aconteceu... 169

Romana 170
Poema 171
Poema 173
A fuga impossível 174
A um poeta jovem 176
As raparigas morenas 177
Poema 179
A chuva nos cabelos 180
O bêbado na estrada 181
As noivas de Jayme Ovalle 183
Senhor, a noite vem descendo 188

SONETOS

I 195
XII 196
XIV 197
XXII. Soneto a Federico García Lorca 198
XXXIII 199

MENSAGEM AOS POETAS NOVOS (1950)

[A poesia é simples] 203

AURORA LÍVIDA (1958)

O pássaro 209
Elegia de Frankfurt 210

Chamado da poesia 211
Estio 213
Poema de Natal 214
Poema 216
Saudade 218
A dançarina 219
O azul 220
Aurora lívida 221

O CAMINHO DO FRIO (1964)

Inventário 225
Desejo de escrever uma canção 227
Balada 229
A rosa canta 231
Os pássaros 232
Soneto 233
Miraflores 234
Serenata do amor 237
Canção do exílio 238
O último poema 241

Bibliografia 243

Biografia 245

COLEÇÃO MELHORES CONTOS

Aníbal Machado
Seleção e prefácio de Antonio Dimas

Lygia Fagundes Telles
Seleção e prefácio de Eduardo Portella

Breno Accioly
Seleção e prefácio de Ricardo Ramos

Marques Rebelo
Seleção e prefácio de Ary Quintella

Moacyr Scliar
Seleção e prefácio de Regina Zilbermann

Machado de Assis
Seleção e prefácio de Domício Proença Filho

Herberto Sales
Seleção e prefácio de Judith Grossmann

Rubem Braga
Seleção e prefácio de Davi Arrigucci Jr.

Lima Barreto
Seleção e prefácio de Francisco de Assis Barbosa

João Antônio
Seleção e prefácio de Antônio Hohlfeldt

Eça de Queirós
Seleção e prefácio de Herberto Sales

Mário de Andrade
Seleção e prefácio de Telê Ancona Lopez

Luiz Vilela
Seleção e prefácio de Wilson Martins

J. J. Veiga
Seleção e prefácio de J. Aderaldo Castello

João do Rio
Seleção e prefácio de Helena Parente Cunha

Ignácio de Loyola Brandão
Seleção e prefácio de Deonísio da Silva

Lêdo Ivo
Seleção e prefácio de Afrânio Coutinho

Ricardo Ramos
Seleção e prefácio de Bella Jozef

Marcos Rey
Seleção e prefácio de Fábio Lucas

Simões Lopes Neto
Seleção e prefácio de Dionísio Toledo

Hermilo Borba Filho
Seleção e prefácio de Silvio Roberto de Oliveira

Bernardo Élis
Seleção e prefácio de Gilberto Mendonça Teles

Autran Dourado
Seleção e prefácio de João Luiz Lafetá

Joel Silveira
Seleção e prefácio de Lêdo Ivo

João Alphonsus
Seleção e prefácio de Afonso Henriques Neto

Artur Azevedo
Seleção e prefácio de Antonio Martins de Araujo

Ribeiro Couto
Seleção e prefácio de Alberto Venancio Filho

Osman Lins
Seleção e prefácio de Sandra Nitrini

Orígenes Lessa
Seleção e prefácio de Glória Pondé

Domingos Pellegrini
Seleção e prefácio de Miguel Sanches Neto

Caio Fernando Abreu
Seleção e prefácio de Marcelo Secron Bessa

Edla van Steen
Seleção e prefácio de Antonio Carlos Secchin

Fausto Wolff
Seleção e prefácio de André Seffrin

Aurélio Buarque de Holanda
Seleção e prefácio de Luciano Rosa

Aluísio Azevedo
Seleção e prefácio de Ubiratan Machado

Salim Miguel
Seleção e prefácio de Regina Dalcastagnè

Ary Quintella
Seleção e prefácio de Monica Rector

Hélio Pólvora
Seleção e prefácio de André Seffrin

Walmir Ayala
Seleção e prefácio de Maria da Glória Bordini

*Humberto de Campos**
Seleção e prefácio de Evanildo Bechara

*PRELO

GRÁFICA PAYM
Tel. (011) 4392-3344
paym@terra.com.br